21 世纪普通高等院校系列规划教材
ERSHIYI SHIJI
PUTONG GAODENG
YUANXIAO
XILIE GUIHUA JIAOCAI

编著 李 勇

现代金融统计分析

Xiandai Jinrong Tongji Fenxi

西南财经大学出版社
Southwestern University of Finance & Economics Press

图书在版编目(CIP)数据

现代金融统计分析/李勇编著. —成都:西南财经大学出版社,2012. 12
ISBN 978 -7 -5504 -0889 -0

Ⅰ. ①现… Ⅱ. ①李… Ⅲ. ①金融统计—统计分析 Ⅳ. ①F830. 2

中国版本图书馆 CIP 数据核字(2012)第 282893 号

现代金融统计分析

李 勇 编著

责任编辑:冯 梅
封面设计:杨红鹰
责任印制:封俊川

出版发行	西南财经大学出版社(四川省成都市光华村街 55 号)
网 址	http://www. bookcj. com
电子邮件	bookcj@ foxmail. com
邮政编码	610074
电 话	028 -87353785 87352368
照 排	四川胜翔数码印务设计有限公司
印 刷	郫县犀浦印刷厂
成品尺寸	185mm ×260mm
印 张	11. 5
字 数	255 千字
版 次	2012 年 12 月第 1 版
印 次	2012 年 12 月第 1 次印刷
印 数	1— 2000 册
书 号	ISBN 978 -7 -5504 -0889 -0
定 价	23. 00 元

前言

金融是国民经济的重要组成部分,已经处于现代经济的核心地位。金融投资也成为现代人们投资的重要部分。如何测度金融风险,如何规避金融风险成为现代人们不可回避的事实。现代金融投资理论主要是起源于20世纪50年代,1952年,马科维茨(Markowitz)在《金融杂志》上发表题为《资产组合的选择——投资的有效分散化》一文,成为现代金融理论史上的里程碑,标志着现代组合投资理论的开端。随后,1964年威廉·夏普(William Sharpe)在《金融月刊》上发表论文《资本资产价格:风险条件下的市场均衡理论》在内容和标题两方面都为资本资产定价模型(CAPM)的理论提供了主要基础。为此马科维茨、威廉·夏普与默顿·米勒三人共同获得1990年第十三届诺贝尔经济学奖。

不过,金融问题的定量化研究,还是一个长期的艰巨课题。如何应用科学的方法,去定量测度和分析金融的现实问题,无论是给投资者,还是给管理者都能提供一个较好的决策分析,是金融统计学需要解决的根本课题,这也是经济统计学当前的一个重要的应用领域。

目前,关于我国金融统计学的教材主要有三类:一是以国际统计标准为基础的规范性金融统计学(如:蒋萍、杨仲山的《货币与金融统计学》,杜金富的《货币与金融统计学》等);二是以描述金融市场指标体系为基础的金融统计学(如:宋光辉的《金融统计学》,刘红梅等的《金融统计学》等);三是以数理分析为主的金融统计学(如:赵彦云的《金融统计分析》,徐国祥的《金融统计学》,李腊生等的《现代金融投资统计分析》等)。这些从不同角度对金融统计学进行了阐述。

在结合中外专家学者的理论基础上,该书的特点主要体现在:首先,立足于最新最权威的国际统计标准(如:《国民经济核算体系》(2008))为基础,对金融基础理论和概念进行阐述;其次,立足于最新数据的现实问题为主体,对现实的金融问题进行定量分析;最后,以方法的合理性为根本,把定性和定量分析有机结合,描述性分析和数理分析有机结合,图表分析和模型分析有机结合。

该书的主要内容涉及金融统计学的主要方面。内容分为五章,其中:

第一章包括货币与金融统计概念、货币与金融统计的国际统计标准和金融统计体系。

第二章包括中央银行统计分析和商业银行、政策性银行统计分析。

第三章包括保险统计概述、基本保险统计分析、保险精算。

第四章包括证券市场统计概述、债券市场统计分析、股票市场统计分析、期货期权市场统计分析和资产投资组合模型。

第五章包括金融稳健统计概述、金融稳健统计指标体系和数据公布系统。

本书在编写过程中，汲取了众多学者的精华，承蒙多位同行专家学者的教诲。在此，表示深深的敬意！在编写过程中，得到冯梅编辑、邓克虎老师和薛琴老师等的帮助，以及西南财经大学出版社的大力支持，借此表示诚挚的谢意！最后，感谢我的亲友和学生们！感谢他们的无私奉献！尤其是我的儿子，正值高三，我却忙于撰写书稿而忽略了他，在此对他表示深深的歉意！

由于笔者的水平有限，书中难免有不尽如人意之处，恳请专家和读者不吝赐教。

编者

2012 年 11 月于重庆工商大学翠湖

目录

第一章　货币与金融统计概论

第一节　货币与金融统计概念

一、货币统计的概念

1. 货币的含义

货币的本质是什么？可以从不同的角度进行定义：

从经济学的角度,可以把货币定义为:在商品或劳务的支付中或债务的偿还中被普遍接受的东西。但对于测度货币的数量过于抽象。

从货币的功能角度,可以把货币定义为:计算单位(价值尺度)、交易媒介(流通手段)、价值储藏(储藏手段)以及延迟支付的标准(支付手段)。但是,对于测度货币的数量标准难以把握。

从支付制度的演变来看,货币的形式发生了很多变化:从贵金属货币到纸币,从现金到支票,从有形货币到电子货币。货币的内涵和外延都在不断更新改变。当然,货币的主要特征是作为交易媒介,但哪些金融资产才属于货币的范畴呢？理论界没有统一的认识,各国货币统计对货币的定义也不一致,正是如此,《货币与金融统计手册》(2000)和《国民经济核算体系》(2008)(简称 SNA2008)都没有对货币的概念和测算方法给出统一规定,而是由各国确定适合本国的货币计量定义。

确定货币总量的基本组成部分,必须解决三个基本问题：

(1)哪些金融资产属于货币？

(2)哪些部门持有货币？

(3)哪些部门发行货币？

对应地得到广义货币总量的组成部分包括三个基本方面：

(1)金融资产的种类；

(2)货币持有者的种类；

(3)货币发行者的种类。

从理论上,凡是能够执行货币职能(价值尺度、流通手段、贮藏手段和支付手段等)的金融资产,都可以称为货币。

SNA2008 中的机构部门分为五个:非金融公司部门、金融公司部门、一般政府部门、为住户服务的非营利机构部门和住户部门。其中金融公司部门又分九个子部门:中央银行、中央银行以外的存款性公司、货币市场基金(MMF)、非货币市场基金(MMF)投资基金、保险公司和养老基金（ICPF）以外的其他金融中介机构、金融辅助机构、专属金融机构和贷款人、保险公司（IC）、养老基金（PF）。SNA1993 把金融公司部门分为五个子部门：中央银行、其他存款性公司、保险公司和养老公司、其他金融中介（除保险公司和养老公司外）、金融辅助管理机构。《货币与金融统计手册》（2000）将 SNA1993 中的后面三个子部门合并起来，称为其他金融性公司，于是将金融公司部门分为三个子部门：中央银行、其他存款性公司、其他金融性公司。

SNA2008 中将"资产"定义为：资产是一种价值储备，代表经济所有者在一定时期内通过持有或使用某实体所产生的一次性或连续性经济利益；它是价值从一个核算期向另一个核算期结转的载体。在 SNA 中，所有资产均是经济资产。金融资产是经济资产的一部分，特指金融债权。而金融债权是指债务人基于合约条款应向债权人所做的一次性或连续性支付。金融资产由企业的所有债权、股票或公司其他权益、再加上货币当局所持有的黄金储备所组成。

SNA2008 中对金融资产分为：货币黄金和特别提款权，通货和存款，债务性证券，贷款，股权和投资基金份额，保险、养老金和标准化担保计划，金融衍生工具和雇员股票期权，以及其他应收/应付款共八大类。《货币与金融统计手册》（2000）对金融资产分为：货币黄金和特别提款权、通货和存款、非股票证券、贷款、回购协议和证券出借和其他非贷款资产、股票和其他股权、保险技术准备金、金融衍生产品以及其他应收/应付款共八大类。

SNA2008 中对"负债" 定义为：当一个单位（债务人）在特定条件下有义务向另一个单位（债权人）提供一次性或连续性支付时，就形成负债。在 SNA 中，所有的负债都是金融负债。

2. 货币统计

货币统计是指包括一整套关于经济体中金融性公司部门的金融和非金融资产和负债的存量和流量数据，既包括在国内的流量和存量，也包括与国外单位之间的存量和流量。换句话说，货币统计就是统计货币的构成，主要指货币供应量统计。货币供应量主要由中央银行发行的通货和金融机构吸收的存款构成，通货和存款分别构成中央银行和金融机构的负债；而金融机构通过资产业务可以创造负债。因此，货币统计就是对金融性公司部门资产和负债的统计。

国际货币基金组织编制的《货币与金融统计手册》（2000）建议货币统计的组织和表述方式是以两个基本的数据框架（部门资产负债表和概览）为基础的分级方法。部门资产负债表是最基本的框架，包括金融性公司部门中一个次部门的各种资产和负债的分列存量和流量数据；概览是把一个或多个金融性公司次部门资产负债表数据合并成加总的资产和负债类别。

二、金融统计的概念

1. 金融的含义

金——资金；融——融通；金融——资金的融会贯通。传统金融概念是研究货币资金流通的学科，而现代金融本质就是经营活动的资本化过程。《新帕尔·格雷夫经济学大字典》中定义金融：指资本市场的运营，资产的供给与定价；其基本内容包括有效率的市场，风险与收益，替代与套利，期权定价和公司金融。

可见，金融是货币流通和信用活动以及与之相联系的经济活动的总称。广义的金融泛指一切与信用货币的发行、保管、兑换、结算，融通有关的经济活动，甚至包括金银的买卖；狭义的金融专指信用货币的融通。金融是一种交易活动，金融交易本身并未创造价值，但金融交易可将所有涉及的价值或者收入在不同时间、不同空间之间进行配置。金融的核心就是跨时间、跨空间的价值交换；金融学就是研究跨时间、跨空间的价值交换为什么会出现、如何发生、怎样发展等。

金融是资金的融通，它由六个要素构成：金融主体、金融工具、金融方式、金融机构、金融市场和金融制度。

金融主体：金融主体指融资双方借贷者或买卖者（企业、住户、政府和金融机构等）。

金融工具：金融工具指机构单位之间签订的各种金融契约；分为金融资产（如通货、存款和证券等）和其他金融工具（如信贷额度、贷款承诺和信用证等金融担保和承诺）。

金融方式：金融方式指融资采取的一定形式。根据融资主体关系可分为：债权融资（又称借贷融资）和股权融资（又称买卖融资）。根据融资渠道可分为：直接融资和间接融资（指经过金融中介机构融资）。

金融机构：金融机构指专门从事货币信用活动的中介组织，即机构部门划分中的金融性公司部门，包括所有主要从事金融中介或相关辅助性金融活动的居民公司或准公司。

金融市场：金融市场指金融资产进行交易的场所。有固定的场所（如：银行、证券公司、证券交易所等）和不固定的场所（如：电话、网络等）。

金融制度：金融制度指对金融活动进行监督和调控的规章制度。

2. 金融统计

金融统计指经济体中各部门（非金融公司部门、金融公司部门、一般政府部门、为住户服务的非营利机构部门和住户部门）之间以及这些部门和世界其他地方之间的所有金融资产和负债的流量和存量的统计。金融统计的范围涉及经济中所有部门的金融资产和负债，而货币统计的范围局限于金融性公司部门的资产和负债。

金融统计是在《国民经济核算体系》（1993）（简称 SNA1993）的框架内发展起来的。SNA1993 全面覆盖了整个经济体及其各部门的产出、分配以及所有非金融和金融的存量和流量。其中的经常账户、累积账户和资产负债表等内容对于衡量经济流量及其带来的非金融和金融资产和负债的存量提供了一个完整的体系。与之相关的主要是累积账户和资金流量表。SNA2008 中指出：从某种程度上说，金融统计包括金融账户、资产其他变化账户、资产负债表，在某种意义上也要包括资本账户，因为净借入和净贷出就来自于该账户。

金融账户：金融账户是记录发生在常住机构单位之间或常住机构单位与国外之间的涉及金融资产和负债的交易的账户。它是 SNA 中记录机构单位间交易的系列账户中的最后一个账户。

资产其他变化账户：资产其他变化账户是记录多种不同资产、负债和净值的变化的账户。涉及的是由非交易流量引起的从期初到期末的资产、负债和净值变化的记录问题。资产其他变化账户主要包括资产物量其他变化账户（记录既非交易也非价格变化导致的非金融资产和金融资产价值的变化）和重估价账户（记录价格变化对资产价值的影响）。

资本账户：资本账户是记录发生在常住机构单位之间或常住机构单位与国外之间的涉及非金融资产和负债的交易的账户。它是SNA中记录机构单位所持有资产价值量的变化的系列账户中的第一个账户。

上述四个账户是记录机构单位或部门所持有资产价值量（包括价格和物量）变化（不论是否由交易引起）的四个账户。通过这四个账户可显示资产净值从期初到期末的变化，并能够按照构成项目对其进行分解。所有这四个账户的影响全部集中反映在资产负债表中。

资产负债表：资产负债表是在某一特定时点编制的、记录一个机构单位或一组机构单位所拥有的资产价值和承担的负债价值的报表。可以针对机构单位编制，也可针对机构部门或经济总体编制。资产负债表是一系列账户的终结，反映了生产账户、收入的分配和使用账户以及累积账户中记录的最终结果。

三、货币统计与金融统计的关系

货币统计数据包括金融公司资产和负债的存量和流量数据，既包括国内的流量和存量，也包括与国外单位的流量和存量。金融统计将货币统计的范围扩展到包括经济体内各部门之间以及这些部门与国外的部门之间的所有金融资产和负债流量和存量。除了范围扩大外，金融统计使用的格式与货币统计是类似的，对金融部门子部门的划分也是相同的。

第二节　货币与金融统计的国际统计标准

国际统计标准与准则属于世界性的公共产品，主要分为四类：综合性标准（如：国民经济核算体系等）、分类标准（如：国际标准职业分类等）、具体领域统计标准（如：货币与金融统计手册、政府财政统计手册、国际收支手册等）和统计数据标准（如：数据公布标准（数据公布特殊标准（SDDS）和数据公布通用系统（GDDS））、数据质量标准（数据质量评估框架、货币统计数据质量评估框架、国民经济核算数据质量评估框架等）等）。其中，与金融统计有关的国际统计标准与准则主要有：国民经济核算体系、货币与金融统计手册、政府财政统计手册、国际收支手册、数据公布特殊标准（SDDS）和数据公布通用系统（GDDS）、数据质量评估框架、货币统计数据质量评估框架、国民经济核算数据质量评估框架等。

一、国民经济核算体系（SNA2008）

国民经济核算体系2008（SNA2008）是一个统计框架，它为决策、经济分析研究提供了一套具备综合、一致、灵活等特性的宏观经济账户。这套体系是在联合国、欧盟委员会、经济合作与发展组织、国际货币基金组织、世界银行的主持下形成并发布的，是2003年受联合国统计委员会委托，对国民经济核算体系1993版——也是由上述五大组织联合负责下形成的更新。与早期各个版本一样，SNA2008反映了用户不断提高的需求、经济环境的新变化、方法论研究方面的新进展。

SNA2008是SNA的第五个版本。第一套综合国民经济核算标准发布于1953年，随后在1968年、1993年和2008年经过了三次大的修订。SNA2008是SNA1993的更新版本。其背景在于SNA1993发布以来，许多国家的经济环境发生了显著变化，同时，对于账户体系的核算方法取得很多成果。2003年第33届大会上，联合国统计委员会决定对SNA1993予以更新，而不是进行根本性或综合性变动，主要是考虑到依据早期版本实施国民经济核算的国家能够顺利转型，同时，为了与相关统计手册（货币与金融统计手册、政府财政统计手册和国际收支统计手册等）保持一致。

联合国统计委员会在第四十次会议上通过将SNA2008作为国民经济核算的国际统计标准。鼓励所有国家都尽可能按照SNA2008来编辑并报告其国民经济账户。

国民经济核算体系(2008)(SNA2008)共二十九章四个附录：

第一章：绪论

第二章：综述

第三章：存量、流量和核算规则

第四章：机构单位和部门

第五章：企业、基层单位和产业

第六章：生产账户

第七章：收入初次分配账户

第八章：收入再分配账户

第九章：收入使用账户

第十章：资本账户

第十一章：金融账户

第十二章：资产其他变化账户

第十三章：资产负债表

第十四章：供给使用表及货物服务账户

第十五章：价格和物量核算

第十六章：账户综述和整合

第十七章：账户的交叉和其他特殊问题

第十八章：账户的扩展与呈现

第十九章：人口和劳动投入

第二十章：资本服务和国民经济核算

第二十一章：公司活动核算

第二十二章：一般政府和公共部门

第二十三章：非营利机构

第二十四章:住户部门

第二十五章:非正规经济

第二十六章:国外账户及其与国际收支平衡表的联系

第二十七章:与货币统计和资金流量的联系

第二十八章:投入产出及其基于矩阵的分析

第二十九章:卫星账户和其他扩展

其中涉及金融统计内容的主要部分集中在第十至十三章:资本账户(第十章)、金融账户(第十一章)、资产其他变化账户(第十二章)和资产负债表(第十三章)。其余还有账户的交叉和其他特殊问题(第十七章)、与货币统计和资金流量的联系(第二十七章)两章。

二、货币与金融统计手册(2000)

20世纪90年代的金融危机暴露了国际金融体系的弱点,凸显了全球化既带来利益,又伴随了风险的事实。对此,国际社会动员力量,加强国际金融体系的构架。该构架包括政府、企业和个人在从事经济和金融活动时所运用的机构、市场和实践。"构架"动议的一个重要因素是制定和实施国际通行的标准,遵守这些标准有助于确保各国的经济功能正常发挥,这正是国际体系良好运行的前提条件。

这是国际货币基金组织总裁霍斯特·克勒在《货币与金融统计手册》(2000)序言中,道出了编写的动因。《货币与金融统计手册》(2000)(后简称《手册》)由国际货币基金组织统计部编写,在1996年11月和2000年2月的专家会议发表的看法和意见基础上,定稿完成于2000年。这是在货币与金融统计领域编写的第一本手册。其目的是为货币与金融统计的表述提供准则。《手册》不是一本编制指南,也不说明如何使用统计数据;它的焦点在于概念,为表述货币与金融统计数据提供了一个概念框架。《手册》中的概念和原则与《国民账户体系》(1993)是一致的。《手册》主要为货币与金融统计数据的编制人员提供帮助,同时,也适用于那些编制或更新国内统计数据的新老统计人员、其他宏观经济统计数据的编制人员以及用户。《手册》分为货币统计与金融统计,其中货币统计包括一整套关于经济体中金融性公司部门的金融和非金融资产和负债的存量和流量数据;而金融统计包括一整套关于经济中所有部门的金融资产和负债的存量和流量数据。该《手册》的统计覆盖了经济中所有机构单位的所有金融资产和负债,并以金融性公司部门为核心。其他金融工具(如贷款担保)不是金融资产,不包括在货币与金融统计中。

《货币与金融统计手册》(2000)的基本内容包括八章三个附录:

第一章:《手册》简介

第二章:概览

第三章:机构单位和部门

第四章:金融资产的分类

第五章:存量、流量和会计规则

第六章:货币、信贷和债务

第七章:货币统计框架

第八章:金融统计

三、政府财政统计手册

《政府财政统计手册》(2001)是一部宏观经济统计手册,是国际货币基金组织出版的有关统计方法的一系列国际指导准则的最后一份。该手册在1986年第一版的基础上进行了更新,在财政统计的编制和表述标准方面迈出了重要的一步。它是提高政府财政、操作和监督的责任感和透明度的全球趋势的一个组成部分。基金组织统计部编写了该手册,以便履行其在制定和采用良好统计做法方面起强有力带头作用的任务。

《政府财政统计手册》(2001)是在《政府财政统计手册》(1986)的基础上修订,主要是因为《国民账户体系》(1993)的出版和《政府财政统计手册》(1986)存在缺陷,所以,《政府财政统计手册》(2001)的概念和原则与《国民账户体系》(1993)的概念和原则是相互衔接的,政府统计数据与其他宏观经济统计数据可以一起使用。

《政府财政统计手册》(2001)的主要作者是咨询专家约翰·皮泽尔。1995年10月,汤姆斯·麦克洛克林的一份内部文件使得体系初步成形;1996—1997年,咨询专家埃弗德撰写了《手册》的第一稿;皮泽尔多次审阅,并根据2001年2月召开的政府财政统计专家会议做出的修改意见,对《手册》作了最后的修改定稿。

《政府财政统计手册》(2001)的主要宗旨是提供一个全面完整的、适于财政政策(特别是各国广义政府部门和更广泛的公共部门)分析和评估的综合概念和会计框架。政府财政统计体系主要目的在于为政策制定者和分析人员系统一致地研究广义政府或公共部门的财务活动、财政状况和流动性的发展变化提供统计数据。《政府财政统计手册》分析框架可该指标表示某一级政府的活动和各级政府之间的交易,也可该指标表示整个广义政府部门或公共部门。

《政府财政统计手册》(2001)的基本概念、分类和定义的依据是经济学的基本理论和原则,因此,政府财政统计体系适用于各种经济类型:无论国家体制或法律结构,还是国家的统计发展状况、政府财务会计制度或公有化程度如何。不过,由于各国的政府结构和经济结构差异较大,《政府财政统计手册》(2001)的各部分内容对各国的相关程度是有差异的。

《政府财政统计手册》(2001)的基本内容包括十章四个附录:

第一章:前言

第二章:政府财政统计体系的涵盖范围

第三章:流量、存量和会计准则

第四章:析框架

第五章:收入

第六章:开支

第七章:资产负债表

第八章:非金融资产的交易

第九章:金融资产和负债的交易

第十章:其他经济流量

四、国际收支手册

《国际收支手册》自1948年国际货币基金组织出版第一版以来,经过了1950年、1961年、1977年和1993年共修订出版了五版后,在2008年11月,在国际货币基金组织国际收支统计委员会年会上通过了《国际收支手册》第六版,即《国际收支和国际投资头寸手册》(BPM6)。在1993年第五版的《国际收支手册》中,首次探讨了国际投资头寸统计这一领域,在第六版时,将国际投资头寸加进了书名中。

《国际收支和国际投资头寸手册》(BPM6)旨在为一经济体与世界其他地方之间的交易和头寸统计提供标准框架。其主要目的在于:

提供并解释国际收支和国际投资头寸统计的概念、定义、分类和惯例;

通过推广国际上采用的指导原则,来促进数据的国际可比性;

说明国际收支和国际投资头寸统计与其他宏观经济统计之间的联系,促进不同数据集之间的一致性;

简单介绍国际收支数据的用途、金融资产和负债的其他变化以及作为一个经济体国际账户的国际头寸。

《国际收支和国际投资头寸手册》(BPM6)的基本内容包括十四章和九个附录:

第一章:导言

第二章:框架概述

第三章:会计原则

第四章:经济领土、单位、机构部门和居民地位

第五章:金融资产和负债分类

第六章:职能类别

第七章:国际投资头寸

第八章:金融账户

第九章:金融资产和负债的其他变化账户

第十章:货物和服务账户

第十一章:初次收入账户

第十二章:二次收入账户

第十三章:资本账户

第十四章:国际收支和国际投资头寸分析中的部门问题

第三节 金融统计体系

一、金融统计体系建立

SNA2008 和《货币与金融统计手册》(2000)对机构部门都进行了翔实的划分,为金融统计的体系建立奠定了基础。它们把机构部门分为五个:非金融公司部门、金融公司部门、一般政府部门、为住户服务的非营利机构部门和住户部门。其中金融公司部门的子部门划分有些差异,具体见表1-1~表1-5:

表1-1 金融公司部门的子部门划分(SNA2008)

<table>
<tr><td rowspan="19">金融中介机构</td><td rowspan="3">中央银行</td><td>国家中央银行</td></tr>
<tr><td>货币当局</td></tr>
<tr><td>中央货币机构</td></tr>
<tr><td rowspan="6">中央银行以外的存款性公司</td><td>商业银行</td></tr>
<tr><td>储蓄银行</td></tr>
<tr><td>邮政银行等</td></tr>
<tr><td>农业信贷银行等</td></tr>
<tr><td>信用合作社等</td></tr>
<tr><td>一些专业银行等</td></tr>
<tr><td>货币市场基金(MMF)</td><td></td></tr>
<tr><td>非 MMF 投资基金</td><td rowspan="3"></td></tr>
<tr><td>保险公司(IC)</td></tr>
<tr><td>养老基金(PF)</td></tr>
<tr><td rowspan="5">保险公司和养老基金(ICPF)以外的其他金融中介机构</td><td>资产证券化公司</td></tr>
<tr><td>证券和衍生产品交易商</td></tr>
<tr><td>贷款公司</td></tr>
<tr><td>中央对手方清算机构</td></tr>
<tr><td>融资或风险投资等专业金融机构</td></tr>
</table>

表1-1(续)

金融辅助机构	金融辅助机构	保险经纪人或顾问等
		证券或贷款经纪人等
		管理证券发行的发行公司
		以票据等提供担保的公司
		安排(不包括发行)衍生产品等公司
		提供金融市场基础设施的公司
		养老基金等管理人
		提供股票和保险交易的公司
		外汇交易咨询公司
		为金融公司服务的独立非营利公司
		金融公司总部
		独立监管金融市场的中央机构
其他金融公司	专属金融机构和贷款人	信托公司等
		只有一组子公司资产的控股公司
		为母公司融资的导管公司
		以自有资金放贷或典当行等

中央银行:中央银行指对金融系统的关键方面实施控制的国家金融机构。

中央银行以外的存款性公司:中央银行以外的存款性公司指以金融中介活动为主要活动的公司。通过存款或类似的金融工具来形成负债。

货币市场基金(MMF):货币市场基金指作为共同投资计划通过向社会发行股份或权益单位来融资。所得款项主要投资于货币市场工具、MMF 股份或权益单位、距到期时间不超过一年的可转让债务工具、银行存款和追求回报率接近于货币市场工具利率的工具。

非货币市场(MMF)投资基金:非货币市场投资基金指通过公开发行股份或权益单位来融资的共同投资计划。所得款项主要投资于金融资产(不包括短期资产)和非金融资产(通常是房地产)。

保险公司(IC):保险公司指主要向个体机构单位或团体单位提供人寿、意外事故、健康、火灾或其他险种的保险服务。或向其他保险公司提供再保险服务的法人公司、共同公司和其他形式的实体。

养老基金(PF):养老基金指住户参加在退休后领取收入的社会保险计划而发生的养老基金负债的机构。

保险公司和养老基金(ICPF)以外的其他金融中介机构指以自己的名义发生负债(不包括通货、存款等),试图在市场上从事金融交易获得金融资产,而提供金融服务的金融公司。其特点是资产负债表两边的交易项目都是在公开市场上进行的。

金融辅助机构：金融辅助机构指主要从事与金融资产和负债交易相关，或与对这些交易进行监管相关联的活动，但在交易过程中并不获得所交易的金融资产和负债的所有权的这些金融公司。

专属金融机构和贷款人：专属金融机构和贷款人指提供金融服务，其大部分资产或负债不在公开市场上交易的机构单位。

表 1－2　　金融公司部门的子部门划分《货币与金融统计手册》(2000)

<table>
<tr><td colspan="2" rowspan="3">中央银行</td><td>中央银行</td></tr>
<tr><td>货币当局</td></tr>
<tr><td>开展中央银行业务政府机构</td></tr>
<tr><td colspan="2" rowspan="6">其他存款性公司</td><td>商业银行</td></tr>
<tr><td>商人银行</td></tr>
<tr><td>储蓄银行等</td></tr>
<tr><td>信用社等</td></tr>
<tr><td>农村和农业银行</td></tr>
<tr><td>从事金融业务的旅游支票公司</td></tr>
<tr><td rowspan="14">其他金融性公司</td><td>保险公司和养老公司</td><td></td></tr>
<tr><td rowspan="7">其他金融媒介(除保险和养老公司外)</td><td>财务公司</td></tr>
<tr><td>金融租赁公司</td></tr>
<tr><td>投资总库</td></tr>
<tr><td>证券承销商和交易商</td></tr>
<tr><td>载体公司</td></tr>
<tr><td>金融衍生媒介</td></tr>
<tr><td>特种金融媒介</td></tr>
<tr><td rowspan="6">金融辅助机构</td><td>公共交易所和证券市场</td></tr>
<tr><td>经纪人和代理机构</td></tr>
<tr><td>外汇公司</td></tr>
<tr><td>金融担保公司</td></tr>
<tr><td>保险和养老辅助机构</td></tr>
<tr><td>其他金融辅助机构</td></tr>
</table>

尽管 SNA2008 和《货币与金融统计手册》(2000)对金融机构进行了划分，但各国针对具体国情，作了不同的划分。下面给出英国、欧盟和美国对金融机构的不同划分。

表 1－3　　英国对金融机构的划分

货币性金融公司	英格兰银行
	英格兰银行以外的英国银行
	建筑互助协会
	除银行和建筑协会外在英国的货币金融机构
保险公司	
养老基金	
其他金融中介机构及附属公司	

表 1－4　　欧盟对金融机构的划分

货币金融公司	中央银行
	信贷机构
	货币市场基金
	其他货币金融机构
非货币金融公司	保险公司
	养老基金
	其他金融中介机构及金融辅助机构

表 1－5　　美国美联储对金融机构的划分

联邦储备体系及联邦政府信贷机构		
商业银行		存款性机构
非银行金融性机构	储蓄机构	
	保险及养老基金	
	其他金融机构	

［注］美国金融体系庞大，金融监管机构复杂，对金融机构划分多种并存。

在机构部门划分的基础上，《货币与金融统计手册》（2000）和 SNA2008 对金融统计构建了金融账户、资产其他变化账户和资产负债表等一套完善的体系。

二、中国金融统计体系

我国现行金融体制是从 1983 年 9 月，国务院决定中国人民银行专门行使国家中央银行职能时确定的。实行以中央银行为领导、国有商业银行为主体、多种金融机构并存和分工协作的社会主义金融体系。中国人民银行是 1948 年 12 月 1 日在华北银行、北海银行、西北农民银行的基础上合并组成的。1995 年 3 月 18 日，第八届全国人民代表大会第三次会议通过了《中华人民共和国中国人民银行法》，至此，中国人民银行作为中央银行以法律形式被确定下来。

中国现代金融统计学经过了三个阶段。第一阶段,20 世纪 80 年代初期,银行业务 + 统计学原理时期;第二阶段,1992 年之前,金融理论 + 金融业务统计时期;第三阶段,1992 年以后,全面向国际金融统计制度过渡时期。这主要是以我国国家统计局颁布的《中国国民经济核算体系》(1992)为标志。1994 年,中国开始正式建立官方货币供应量公布制度;2002 年 4 月 15 日,中国政府正式加入"数据公布通用系统"。

当前,中国金融市场基本形成了以资本市场、货币市场、债券市场、外汇市场和银行信贷市场为主体的金融市场体系。

我国的金融机构,按地位和功能可分为四大类:

第一类,中央银行,即中国人民银行。

第二类,银行。包括政策性银行、商业银行、村镇银行。

第三类,非银行金融机构。主要包括国有及股份制的保险公司、城市信用合作社、证券公司(投资银行)、财务公司等。

第四类,在境内开办的外资、侨资、中外合资金融机构。以上各种金融机构相互补充,构成了一个完整的金融机构体系。

2009 年 11 月 30 日,中国人民银行发布了《金融机构编码规范》,对我国金融机构进行了分类:

A. 货币当局:1. 中国人民银行;2. 国家外汇管理局。

B. 监管当局:1. 中国银行业监督管理委员会;2. 中国证券监督管理委员会;3. 中国保险监督管理委员会。

C. 银行业存款类金融机构:1. 银行;2. 城市信用合作社(含联社);3. 农村信用合作社(含联社);4. 农村资金互助社;5. 财务公司。

D. 银行业非存款类金融机构:1. 信托公司;2. 金融资产管理公司;3. 金融租赁公司;4. 汽车金融公司;5. 贷款公司;6. 货币经纪公司。

E. 证券业金融机构:1. 证券公司;2. 证券投资基金管理公司;3. 期货公司;4. 投资咨询公司。

F. 保险业金融机构:1. 财产保险公司;2. 人身保险公司;3. 再保险公司;4. 保险资产管理公司;5. 保险经纪公司;6. 保险代理公司;7. 保险公估公司;8. 企业年金。

G. 交易及结算类金融机构:1. 交易所;2. 登记结算类机构。

H. 金融控股公司:1. 中央金融控股公司;2. 其他金融控股公司。

Z. 其他:小额贷款公司。

《金融机构编码规范》从宏观层面统一了我国金融机构分类标准,首次明确了我国金融机构涵盖范围,界定了各类金融机构具体组成,规范了金融机构统计编码方式与方法。

根据《货币与金融统计手册》(2000)的建议要求,我国的金融机构划分为中央银行、其他存款性公司和其他金融性公司三大类见表 1 - 6:

表1－6　　　　我国金融机构的部门分类

<table>
<tr><td colspan="2">中央银行</td><td>中国人民银行</td></tr>
<tr><td rowspan="7">其他存款性公司</td><td rowspan="6">存款性货币公司</td><td>1. 国有商业银行:中国工商银行、中国农业银行、中国银行、中国建设银行、交通银行</td></tr>
<tr><td>2. 股份制商业银行:国家开发银行、中信实业银行、光大银行、华夏银行、广东发展银行、深圳发展银行、招商银行、浦东发展银行、兴业银行、民生银行、恒丰银行</td></tr>
<tr><td>3. 政策性银行:中国进出口银行、中国农业发展银行</td></tr>
<tr><td>4. 城市商业银行和农村商业银行</td></tr>
<tr><td>5. 城市信用社和农村信用社</td></tr>
<tr><td>6. 外资银行</td></tr>
<tr><td>其他存款性货币公司</td><td>中资和在我国的外资企业集团财务公司</td></tr>
<tr><td colspan="2">其他金融性公司</td><td>其他金融性公司指不包括在中央银行和其他存款性公司内的其他金融公司。在我国主要包括信托投资公司、金融租赁公司、保险公司、证券公司、证券投资基金管理有限公司、养老基金公司、资产管理公司、担保公司、期货公司、证券交易所、期货交易所等。</td></tr>
</table>

[注]中国人民银行指的国有银行不包括交通银行;中国银监会包括。

第二章 货币与银行统计分析

第一节 中央银行统计分析

一、中央银行统计概述

(一)中央银行的性质与职能

中央银行是商品经济发展到一定阶段,带动银行业的发展而产生的。中央银行是对金融系统的关键方面实施控制的国家金融机构。中央银行的主要任务是制定和执行金融政策,监督和管理整个金融机构的政策实施和运行情况,控制和调节社会信用货币基本活动,稳定货币,促进国民经济的良性发展。因此,它具有权威性、垄断性、独立性和非盈利性等特征。

中央银行的基本职能:服务职能、调节职能和管理职能。其中服务职能主要体现在为政府服务和为银行与非银行等金融机构服务;调节职能主要体现在中央银行依法运用各种金融手段,对货币和信用进行调节与控制,影响和干预整个社会经济发展,从而达到实现预期的政策目标;管理职能主要体现在作为国家金融管理的最高当局,对金融市场实施管理控制,以维护金融体系的健全和稳定,防止金融危机的发生。

1993 年 11 月 14 日,中共十四届三中全会通过的《中共中央关于建立社会主义市场经济体制若干问题的决定》明确规定:加快金融体制改革。中国人民银行作为中央银行,在国务院领导下独立执行货币政策,从主要依靠信贷规模管理,转变为运用存款准备金率、中央银行贷款利率和公开市场业务等手段,调控货币供应量,保持币值稳定;监管各类金融机构,维护金融秩序,不再对非金融机构办理业务。

1995 年 3 月 18 日,第八届全国人民代表大会第三次会议通过《中华人民共和国中国人民银行法》(简称《中国人民银行法》)。2003 年 12 月 27 日,第十届全国人民代表大会常务委员会第六次会议通过《全国人民代表大会常务委员会关于修改〈中华人民共和国中国人民银行法〉的决定》,2003 年 12 月 27 日中华人民共和国主席令第十二号公布,自 2004 年 2 月 1 日起施行。明确规定:中国人民银行是中华人民共和国的中央银行;中国人民银行在国务院领导下,制定和执行货币政策,防范和化解金融风险,维护金融稳定;中国人民银行的全部资本由国家出资,属于国家所有;中国人民银行实行行长负责制;中国人民银行行长的人选,根据国务院总理的提名,由全国人民代表大会决定。中国人民银行履行职责如下:

发布与履行其职责有关的命令和规章;

依法制定和执行货币政策；

发行人民币，管理人民币流通；

监督管理银行间同业拆借市场和银行间债券市场；

实施外汇管理，监督管理银行间外汇市场；

监督管理黄金市场；

持有、管理、经营国家外汇储备、黄金储备；

经理国库；

维护支付、清算系统的正常运行；

指导、部署金融业反洗钱工作，负责反洗钱的资金监测；

负责金融业的统计、调查、分析和预测；

作为国家的中央银行，从事有关的国际金融活动；

国务院规定的其他职责。

(二)货币政策

货币政策是中央银行为实现其经济目标而采取的各种控制和调节货币供应量和信用量的方针、政策和措施的总称。

货币政策主要包括货币政策目标、货币政策内容、货币政策工具和货币政策中间指标体系等。

货币政策目标是货币当局制定和实施货币政策所要达到的最终目标。各国经济学家对货币政策目标有不同理解，主要体现在认为货币政策主要目标仅在于稳定金融，保持货币币值稳定；另一种观点认为货币政策的主要目标是稳定物价、充分就业、经济增长和国际收支平衡。《中国人民银行法》第三条规定：货币政策目标是保持货币币值的稳定，并以此促进经济增长。

货币政策内容是货币当局为实现货币政策目标而采取的基本政策。主要包括信贷政策、利率政策和外汇政策。信贷政策主要指中央银行采取的控制信用的措施（如：控制信用总量、调整信贷结构和优化信贷结构等）。利率政策主要指中央银行采取的控制市场利率的措施（如：控制和调节市场利率一般水平和控制和调节整个社会的利率结构等）。外汇政策主要指中央银行采取的控制外汇资金方面的措施（如：调节外汇市场资金供求、实行外汇管制、稳定外汇收支平衡和保证国家合理外汇储备等）。

货币政策工具是货币当局为实现货币政策而采取的具体措施或手段。可分为一般性货币政策工具和选择性货币政策工具。一般性货币政策工具指中央银行运用三大传统货币政策工具（再贴现政策、存款准备金政策和公开市场业务）对社会信用总量采取统一的放松或紧缩银根政策，以调节货币供应总量、信用总量和一般利率水平等。选择性货币政策工具是指中央银行运用选择性信用控制方法，采取区别对待的信用政策（如：直接信贷控制、证券市场放款控制和消费信贷控制等政策），通过影响资金运用方向和不同信用的利率水平等，在保持货币总量不变的情况下，对具体的一些信贷数量产生影响。《中国人民银行法》第二十三条规定：中国人民银行为执行货币政策，可以运用下列六种货币政策工具：要求银行业金融机构按照规定的比例交存存款准备金；确定中央银行基准利率；为在中国人民银行开立账户的银行业金融机构办理再贴现；向商业银行提供贷款；在公开市场上买卖国债、其他政府债券和金融债券及外汇；国务院确定的其他货币政策工具。

货币政策中间指标体系是指中央银行通过货币政策工具，达到货币政策最终目标所建立起来的用金融指标表示的操作指标和中间指标。从而形成一个完整的货币政策目标体系：货币政策工具→货币政策中间指标体系→货币政策目标。货币政策中间指标分为近期指标（基础货币、存款准备金、短期利率和货币市场行情等）和远期指标（货币供应量、银行信贷规模和长期利率等）。

以弗里德曼为代表的货币学派极力主张把货币供应量作为货币政策的中介目标。他们认为：通货膨胀与失业率之间不存在稳定的交替关系，增加货币供应，在短期内可以减少一些失业，从长期来看通货膨胀不能消灭失业。"恒久性的收入"决定人们的消费需求，货币供应同消费需求大体保持稳定的函数关系。如果经济增长率每年为3% ~4%，则货币供应指标可以控制在4% ~5%以内，保持1 ~2 个百分点的超速增长，就可以使经济增长同物价稳定这两个宏观经济目标都能同时实现。美国在1970 年就开始把货币政策的中介目标，从银行信贷增长额和自由准备金的控制转移到货币供应量指标的控制，许多西方国家也陆续把货币供应量指标作为货币政策的中介目标。但由于各国情况不同，根据货币流动性的差别和货币功能的强弱，把货币供应量指标划分为不同层次，如M_1、M_2、M_3等依次往下排，货币的流动性就依次减弱。以哪一个层次的货币供应量指标作为控制重点，各国的做法也有所不同。中国在1982 年就开始研究货币供应量指标的计算和监控，1995 年3 月全国人民代表大会通过的《中国人民银行法》正式把货币供应量指标作为货币政策的中介目标，中国人民银行就年度货币供应量、利率、汇率作出的决定，报国务院批准后执行。

（三）中央银行统计基本任务

中央银行统计工作是中央银行的基础业务，是国家金融统计体系的核心，是中央银行货币政策的决策支持系统。中国人民银行调查统计司的基本任务是：承办金融信息和有关经济信息的搜集、汇总、分析工作；制定金融业综合统计制度，协调金融业综合统计工作；负责货币供应和货币政策方面的统计并按规定对外公布；参与金融和货币统计有关的会计科目设置；搜集、整理与人民银行有贷款关系金融机构的资产负债表和损益表；按照规定提供金融信息咨询。中国人民银行调查统计司下设处室有：综合处、统计制度处、货币统计处、市场统计处、信息管理处、景气调查处、稳定调查处、经济分析处和预测分析处。

二、货币供应量统计分析

货币供应量是指一国的中央银行、存款货币银行和其他金融机构，在某一时点承担流通手段和支付手段等职能的货币总量。它是一个存量统计指标，反映了该时点上全社会的支付和购买能力。

（一）广义货币总量

无论是《国民经济核算体系》（2008）还是《货币与金融统计手册》（2000）都没有具体规定广义货币的概念和测算方法。不同国家根据各自情况，自行定义货币的国家定义。

无论国家如何定义，广义货币总量的每个组成部分都具有三个基本方面：①金融资产的种类；②货币持有者的种类；③货币发行者的种类。SNA2008 中的部门划分原则是对广义货币持有者和发行者进行部门分类的基础；其中对金融资产分类是货币总量所有组成部分的基础。

在考虑把哪些金融资产种类纳入广义货币总量之中，需要对各种金融资产的货币化程度进行评估。评估金融资产货币化程度的基本标准在于金融资产的流动性和储藏价值。金融资产流动性是指金融资产在短时间内以全部或接近市场的价值能够出售的程度大小。最具流动性的金融资产是现钞和可转让存款（活期存款、银行本票、旅游支票和用于支付的存款），所有国家都将其纳入广义货币总量，常常称为"狭义货币"。

大部分国家的广义货币包括存款性公司发行的本币现钞、可转让存款和其他存款（不可转让储藏存款、期限存款和其他可转让存款凭证等）；少部分国家的广义货币还包括了存款性公司发行的非股票证券（大额存单、商业票据和其他）和其他负债（包括任何贷款、金融衍生工具、股票和其他股权等）；极少部分国家的广义货币还包括了由其他部门发行的本币现钞、外币现钞、可转让存款和其他等。

尽管在理论上凡是能够执行货币职能（价值尺度、流通手段、贮藏手段和支付手段等）的金融资产都可以称为货币，但针对货币供应量的计量测算，学术界意见不一致。这就形成上述各国所采取的广义货币的不同内涵。

《货币与金融统计手册》在 1997 年修订版中，对货币供应量统计的一般性原则、货币定义和货币供应量统计口径给了具体表述：

货币供应量统计的原则：货币在经济政策中扮演着关键性角色，中央银行在编制货币供应量时必须依据机构组织和市场特点，以满足政策制定和经济分析的需要。根据这一基本原则，各国在编制货币供应量时，主要考虑的应当是本国经济、金融特点，以实证分析为主要依据。

货币定义：货币是金融中介机构的负债，包括流通中现钞、可转让存款和近似的公众金融资产，其中，金融中介机构主要指存款金融部门，金融工具包括以本币面值和外国货币面值两种。哪种金融工具和金融机构被包括在广义货币统计中，应当通过实证性研究确定，在不同方案中选择与宏观经济变量——通货膨胀和名义经济产出——最具密切关系的作为确定广义货币供应量统计标准。

货币供应量统计口径：

M0：现金，本币流通中现金；

M1：狭义货币，M0 + 可转让本币存款和在国内可直接支付的外币存款；

M2：狭义货币和准货币，M1 + 一定期限内的（三个月至一年之间）单位定期存款和储蓄存款 + 外汇存款 + 可转让大额存单；

M3：广义货币，M2 + 外汇定期存款 + 商业票据 + 互助金存款 + 旅行支票。

但在《货币与金融统计手册》（2000）中，取消了对货币定义及货币层次（M0、M1 等）的划分，转而从金融资产、货币持有部门和货币发行部门三个方面描述了广义货币总量。

我国货币供应量统计始于 1994 年 10 月，中国人民银行正式向社会公布货币供应量统计。货币供应量分为三个层次：

M0：流通中现金；

M1：狭义货币，M0 + 单位活期存款（不包括居民的活期储蓄）；

M2：广义货币，M1 + 准货币（储蓄存款和企业定期存款）。

2001 年 6 月，第一次修订货币供应量，将证券公司客户保证金计入 M2。2002 年年初，第二次修订货币供应量，将在中国的外资、合资金融机构的人民币存款业务，分别计入到不同层次的货币供应量。2003 年 12 月 17 日，中国人民银行发布关于向社会征求对《关于修订中国货币供应量统计方案的研究报告》意见的公告，提出修订货币供应量统计方案的六条基本原则：相关性增强原则、可测性原则和成本效益比较原则、连续性原则、流动性原则、价值储藏手段原则、与国际接轨原则。对各层次货币供应量的统计提出了四种备选修订方案：

方案一：维持原结构不变，扩大数量较大、流动性变化明显的金融资产的监测层次

货币供应量在原 M0、M1、M2 三个层次的基础上，再扩大到 M3。

M0 = 流通中现金

M1 = M0 + 企业活期存款 + 机关团体存款 + 农村存款

M2 = M1 + 企业定期存款 + 储蓄存款

M3 = M2 + 外汇存款 + 保险公司存款 + 各种基金存款

这个方案的优点是货币供应量 M0 ~ M2 三个层次不做调整，保持了统计的连续性，增加 M3 层次，这便于操作和对比。

这个方案在操作时也可把监测重点仍放在 M2，M3 只作为监测的参考指标。

方案二：对原结构进行微调，同时扩大货币供应量一个监测层次

货币供应量划分为 M0、M1、M2，监测外币存款，同时将 M2 中的部分金融资产调整到 M1 中去。

M0 = 流通中现金

M1 = M0 + 企业活期存款（包括原来货币供应量统计口径中的企业活期存款，以及银行本票、应解汇款及临时存款、汇入汇款、汇出汇款）+ 机关团体存款 + 农村存款 + 银行卡项下的个人人民币活期储蓄存款

M2 = M1 + 企业定期存款 + 居民人民币储蓄存款（扣除银行卡项下的个人人民币活期储蓄存款）+ 其他存款（信托存款、委托存款、保证金存款、财政预算外存款）

外币存款 = 按期末市场汇率折算人民币后企业和个人的外币存款

这个方案的优点是既考虑货币供应量统计的连续性，又具有可操作性，但货币供应量包括的内容不全面，如日益发展的各种基金存款、商业票据等，没有包括在货币供应量中。

方案三：对原结构进行微调，同时扩大货币供应量两个监测层次

货币供应量划分为 M0、M1、M2，监测 M3 和外币存款。

M0 = 流通中现金

M1 = M0 + 企业活期存款（包括原来货币供应量统计口径中的企业活期存款，以及

银行本票、应解汇款及临时存款、汇入汇款、汇出汇款）＋机关团体存款＋农村存款＋银行卡项下的个人人民币活期储蓄存款

M2 ＝ M1 ＋企业定期存款＋居民人民币储蓄存款（扣除银行卡项下的个人人民币活期储蓄存款）＋ 其他存款（信托存款、委托存款、保证金存款、财政预算外存款）

M3 ＝ M2 ＋存款性公司签发的银行承兑汇票 ＋其他金融性公司在存款性公司的存款（如保险公司和证券投资基金管理有限公司在存款性公司的存款）＋住房公积金存款

外币存款＝按期末市场汇率折算人民币后企业和个人的外币存款

这个方案比第二个方案监测范围扩大，同时也增大了操作的难度。

方案四：按目前金融市场变化的实际情况，进行较全面地修订

货币供应量分为四个层次：M0、M1、M2、M3。

M0 ＝流通中现金－境外人民币流通量

M1 ＝ M0 ＋企业活期存款（包括结算中的款项）＋机关团体存款＋农村存款＋银行卡项下的个人人民币活期储蓄存款

M2 ＝ M1 ＋企业定期存款＋居民人民币储蓄存款（扣除银行卡项下的个人人民币活期储蓄存款）＋ 其他存款（信托存款、委托存款、保证金存款、财政预算外存款）＋外汇存款＋回购协议

M3 ＝ M2＋基金存款＋保险公司存款＋商业承兑汇票

这个方案的优点是按金融资产流动性调整货币供应量，相关度较高；缺点是调整幅度较大，连续性较弱，且收取数据成本较大。

目前我国中国人民银行实行的狭义货币（M_1）和广义货币（M_2）概念。

M_0＝流通中货币。

M_1（狭义货币）＝M_0（流通中货币）＋企业活期存款＋机关团体部队存款＋农村存款；狭义货币是流通中现金与商业银行活期存款的总和。其供应量是中央银行制定及执行货币政策的主要观测依据。

M_2（广义货币）＝M_1＋城乡居民储蓄存款＋企业存款中具有定期性质的存款＋信托类存款＋其他存款；广义货币是狭义货币（M_1）与商业银行定期存款的总和。其供应量是中央银行的一项货币供应量统计指标。

（二）基础货币

决定广义货币总量的一个基本要素是基础货币。尽管货币概念起源的历史很长，可追溯到人类文明的源头，但基础货币概念的提出，却是20世纪。随着货币供应问题的出现，人们开始了对货币创造机制的系统研究。1936年，W. 鲁道夫．伯格斯（W. R. Burgess）首次提出“高能货币”概念。随着英国著名经济学家凯恩斯（Keynes）的宏观经济理论占据经济理论的主要阵地，实体经济中的有效需求问题成为主流，货币供给问题以及“高能货币”概念被忽视；直到20世纪60年代，凯恩斯理论遇到现实的挑战，货币学派兴起，货币供给问题再次得到重视。美国著名经济学家卡尔·布鲁纳（Karl Brunner）和艾伦·梅尔兹（Allan Meltzer）研究了“基础货币”问题。从此，“基础货币”成

为货币银行学的基本概念，同时，也是货币统计和货币政策操作的一个重要指标。基础货币概念作为一个比货币概念更便于操作的概念，其内涵和外延以及在货币创造中的作用，在货币理论界基本一致；在对基础货币统计的实践操作中，各国中央银行有一定的差异，但核心构成基本一致。

对于基础货币的概念，各国的定义不尽相同。《新帕尔格雷夫经济学大辞典》(The New Palgrave: A Dictionary of Economics)中没有给出明确的定义，仅说明了基础货币的构成："一般公众持有的通货和银行部门的现金储备的总和定义为强力货币或货币基础"。美国经济学家弗雷德里克·米什金(Frederic Mishkin)在《货币、银行、金融市场学》中，指出："联邦储备系统负债的数额(流通中通货和储备)和美国财政部的货币负债(硬币)称为基础货币"。德国经济学家蒂默(Thieme)在《货币理论》中指出："按照最狭义的定义，基础货币由中央银行的即期债务构成。中央银行的即期债务包括公众手中的现金和商业银行的准备金"。我国学者黄达在《货币银行学》中给出："基础货币，或称高能货币、强力货币。它通常是指起创造存款货币作用的商业银行在中央银行的存款与流通于银行之外的通货这两者之和。前者包括商业银行持有的库存现金、在中央银行的法定存款和超额准备金"。我国学者张亦春在《货币银行学》中归纳总结了近半个世纪出现的基础货币不同观点为四点：

(1)基础货币 = 银行准备金

(2)基础货币 = 社会公众手持现金 + 商业银行法定准备金

(3)基础货币 = 社会公众手持现金 + 商业银行法定准备金 + 商业银行库存现金

(4)基础货币 = 社会公众手持现金 + 商业银行法定准备金 + 商业银行库存现金 + 超额准备金

《货币与金融统计手册》(2000)指出，基础货币不是货币总量，它测算的是支持货币总量的资金基础，本身不是一种货币总量。基础货币的变化通常能够导致货币与信贷出现更大规模的增长，因此，也称为"高能货币"。基础货币包括中央银行为广义货币和信贷扩张提供支持的负债。《货币与金融统计手册》(2000)列出了基础货币的代表性构成(见表 2-1)：

表 2-1 基础货币的代表性构成

基础货币的代表性构成
流通货币
中央银行对其他存款性公司的负债
可转让存款【法定准备金和清算余额】
其他存款
中央银行发行的证券
属于广义货币的中央银行负债
可转让存款
其他存款
属于广义货币的中央银行证券

[注]

1. 各国采用的基础货币定义可以更广或更窄。

2. 通常包括除中央银行之外所有分支部门持有的货币。特别是:中央政府、中央银行之外的所有金融性公司以及非居民持有的货币与其他部门持有的货币通常包括在内。

3. 如果持有的这种证券可以用来满足法定准备金需要,它们就可以归入基础货币。否则,就要根据基础货币的具体构成和分析用途将这种证券归入或排除在外。

在现代银行体系中,中央银行对宏观金融活动的调节,主要是通过控制基础货币的数量来实现的。具体操作过程是:当中央银行提高或降低存款准备金率时,各商业银行就要调整资产负债项目,相应增加或减少其在中央银行的准备金,通过货币乘数的作用,可对货币供应量产生紧缩或扩张的作用。社会公众持有现金的变动也会引起派生存款的变化,从而影响货币供应量的扩大或缩小:当公众将现金存入银行时,银行就可以按一定比例(即扣除应缴准备金后)进行放款,从而在银行体系内引起一系列的存款扩张过程;当公众从银行提取现金时,又会在银行体系内引起一系列的存款收缩过程。

我国基础货币是由金融机构的库存现金、流通中货币、金融机构缴存准备金、金融机构特种存款和邮政储蓄转存组成。统计表如表 2-2 所示:

表 2-2　　中国基础货币统计表　　单位:亿元

项目名称	本月余额	上年同期	比上月增减	比年初增减	余额比同期(%)
基础货币					
库存现金(金融机构)					
流通中货币(中国人民银行)					
金融机构缴存准备金(中国人民银行)					
金融机构特种存款(中国人民银行)					
邮政储蓄转存(中国人民银行)					

(三)货币乘数

除了基础货币外,决定广义货币总量的另一个基本要素是货币乘数。乘数概念最早是英国经济学家卡恩(Kahn)提出,他在 1931 年 6 月的英国《经济学家》上发表的"国内投资与失业的关系"一文中,系统论述了乘数原理,并提出了就业乘数的计算公式。凯恩斯发展了卡恩的乘数理论,在其经典名著《就业、利息和货币通论》中提出投资乘数论。新古典综合派将乘数理论引用到货币金融领域,提出了货币乘数论。

货币乘数,也称为基础货币扩张倍数或信用扩张倍数,指货币扩张或收缩的倍数,反映广义货币总量与基础货币的倍数关系,是中央银行提供的基础货币与货币供应量扩张关系的数量表现,即中央银行扩大或缩小一定数量的基础货币之后,能使货币供应总量扩大或缩小的比值。计算公式为:

$$k = \frac{M_s}{B}$$

式中,k:货币乘数;M_s:广义货币供应量;B:基础货币。

若货币供应量(M_s) = 流通中现金(C) + 存款(D),

基础货币(B) = 流通中现金(C) + 商业银行存款准备金(R),

则:货币乘数为:

$$k = \frac{M_s}{B} = \frac{C + D}{C + R} = \frac{1 + \frac{C}{D}}{\frac{C}{D} + \frac{R}{D}} = \frac{1 + C'}{C' + r}$$

式中,C':现金存款比率,又称现金漏损率;

r:准备金率,包括法定准备金率(r_d)和超额准备金率(r_e)。

中央银行只能控制法定准备金率,而现金存款比率和超额准备金率分别由社会公众和存款机构决定,容易受经济活动影响。中央银行通常可以利用调整法定准备金率、贴现率或存贷款利率去改变货币乘数。

存款准备金:存款准备金指金融机构为保证客户提取存款和资金清算需要而准备的资金。它可以分为自存准备(即库存现金)和法定存款准备金。金融机构按规定向中央银行缴纳的存款准备金占其存款总额的比例就是存款准备金率。存款准备金制度是在中央银行体制下建立起来的,美国是世界上最早以法律形式规定商业银行向中央银行缴存存款准备金的国家。起初是保证存款的支付和清算,逐渐演变成为货币政策工具。

法定存款准备金:按照银行法的规定,商业银行必须将其吸收的存款按照一定比率存入中央银行的存款。法定存款准备率、贴现率和公开市场业务是现代各国中央银行进行宏观调控的三大政策工具,而其中法定存款准备率通常被认为是货币政策的最猛烈的工具之一。

超额准备金:除法定准备金之外,商业银行或存款机构保留的一部分准备金。主要是解决意外的大额提现、结清存款或更好的投资机会。1986 年 12 月,中国人民银行对各类存款金融机构,实行了支付准备金制度。

备付金:亦称"支付准备金"。广义的支付准备金,包括库存现金和在中央银行的存款,前者叫现金准备,后者叫存款准备。

(四)货币供应量统计分析

例 1:2012 年 1 月—6 月中国月度货币供应量数据(见表 2-3)。

表 2-3　　**2012 年 1 月—6 月中国月度货币供应量统计表**

货币供应量

单位:亿元

项目 \ 时间	2012 年 1 月	2012 年 2 月	2012 年 3 月	2012 年 4 月	2012 年 5 月	2012 年 6 月
货币和准货币(M2)	855 898.89	867 171.42	895 565.50	889 604.04	900 048.77	925 041.20
货币(M1)	270 010.40	270 312.11	277 998.11	274 983.82	278 656.31	287 525.58
流通中货币(M0)	59 820.72	51 448.78	49 595.74	50 199.32	49 039.72	49 284.64

[注]1. 自 2011 年 10 月起,货币供应量已包括住房公积金中心存款和非存款类金融机构在存款类金融机构的存款。

2. 本表 6 月份为初步数据,其他月份为正式数据。

数据来源:中国人民银行网站

数据分析：

1. 货币供应量（M0、M1、M2）2012 年 1 月—6 月趋势分析（见图 2－1）。

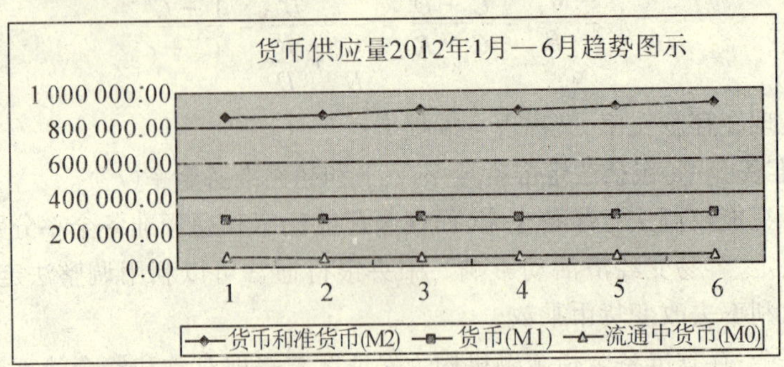

图 2－1　货币供应量 2012 年 1 月— 6 月趋势分析图

2. 货币供应量（M0、M1、M2）之间的相关分析和偏相关分析（见表 2－4 和表 2－5）。

表 2－4　M1 和 M2 的相关分析表

		货币	货币和准货币
货币	Pearson 相关性	1	0.974″
	显著性（双侧）		0.001
	N	6	6
货币和准货币	Pearson 相关性	0.974″	1
	显著性（双侧）	0.001	
	N	6	6

表 2－5　M1 和 M2 的偏相关分析表

控制变量			货币和准货币	货币
流动中货币	货币和准货币	相关性	1.000	0.991
		显著性（双侧）		0.001
		df	0	3
	货币	相关性	0.991	1.000
		显著性（双侧）	0.001	
		df	3	0

上面是 M1 和 M2 的相关分析和偏相关分析（以 M0 为控制变量）（见表 2－6 和表 2－7）。

表 2-6　　M1 和 M0 的相关分析表

		流通中货币	货币
流通中货币	Pearson 相关性	1	0.628
	显著性(双侧)		0.182
	N	6	6
货币	Pearson 相关性	-0.628	1
	显著性(双侧)	0.182	
	N	6	6

表 2-7　　M1 和 M0 的偏相关分析表

控制变量			流通中货币	货币
货币和准货币	流通中货币	相关性	1.000	0.889
		显著性(双侧)		0.044
		df	0	3
	货币	相关性	0.889	1.000
		显著性(双侧)	0.044	
		df	3	0

上面是 M1 和 M0 的相关分析和偏相关分析(以 M2 为控制变量)(见表 2-8 和表 2-9)。

表 2-8　　M2 和 M0 的相关分析表

		货币和准货币	流通中货币
货币和准货币	Pearson 相关性	1	0.774
	显著性(双侧)		0.071
	N	6	6
流通中货币	Pearson 相关性	-0.774	1
	显著性(双侧)	0.071	
	N	6	6

表 2 - 9　　　　　　　　　　M2 和 M0 的偏相关分析表

控制变量			货币和准货币	流通中货币
货币	货币和准货币	相关性 显著性(双侧) df	1.000 0	0.928 0.023 3
	流通中货币	相关性 显著性(双侧) df	-0.928 0.023 3	1.000 0

上面是 M2 和 M0 的相关分析和偏相关分析(以 M1 为控制变量)。可见,广义货币与流通中货币变化并不一定是一致的。可以利用它们的不同变化规律,分析宏观经济发展指标与各种货币之间的关联性。比如:与国民生产总值、消费价格指数等的关系。

三、货币统计数据框架——资产负债表和概览

货币统计数据包括金融性公司部门所有机构单位的数据,即金融公司部门及其分部门资产和负债的存量和流量数据。为了编制货币统计数据,《货币与金融统计手册》(2000)将金融性公司部门进一步分为 3 个子部门:中央银行、其他存款性公司和其他金融公司。中央银行和其他存款性公司又称为存款性公司次部门。

货币统计数据的编制和表述,《货币与金融统计手册》(2000)建议采用两个层次。第一,单个机构单位报送的存量和流量数据,被汇总纳入部门资产负债表。其中包含金融性公司部门(中央银行、其他存款性公司和其他金融公司次部门)的综合数据。第二,部门资产负债表被汇总成概览。首先,编制中央银行概览、其他存款性公司概览和其他金融公司概览;其次,将中央银行概览和其他存款性公司概览汇总,编制存款性公司概览;最后,将存款性公司概览和其他金融公司概览汇总,编制金融性公司概览。货币统计框架图如图 2 - 2 所示:

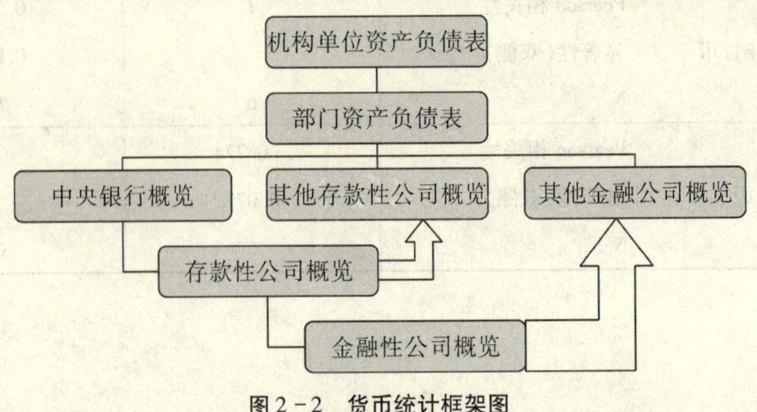

图 2 - 2　货币统计框架图

《货币与金融统计手册》(2000)中第七章列出了金融性公司部门子部门的资产负债表、中央银行概览、其他存款性公司概览、其他金融性公司概览、存款性公司概览和金融

性公司概览范式。

（一）货币当局资产负债表

SNA2008 中指出：资产负债表是在某一特定时点编制的、记录一个机构单位或一组机构单位所拥有的资产价值和承担的负债价值的报表。资产负债表将各种类型的资产和负债进行加总，以反映机构单位资产减负债的总价值（称为净值）。部门资产负债表数据来自于其中所包含的各金融部门中机构单位的会计或行政记录。货币当局是指一个国家的中央银行，是发行货币的银行，也是银行的银行。这三部分都与货币供应量紧密相关。货币当局资产负债表是中央银行业务活动的综合体现，也是中央银行货币政策实施效果的综合反映。表 2－10 是我国的货币当局资产负债表范式。

表 2－10　　**中国人民银行货币当局资产负债表**　　单位：亿元

资产　Assets	负债　Liabilities
国外资产　Foreign Assets	
外汇　Foreign Exchange	储备货币　Reserve Money
货币黄金　Monetary Gold	货币发行　Currency Issue
其他国外资产　Other Foreign Assets	其他存款性公司存款 Deposits of Other Depository Corporations
对政府债权　Claims on Government	不计入储备货币的金融性公司存款 Deposits of financial corporations excluded from Reserve Money
其中：中央政府　Including: Central Government	
对其他存款性公司债权 Claims on Other Depository Corporations	发行债券　Bond Issue
对其他金融性公司债权 Claims on Other Financial Corporations	国外负债　Foreign Liabilities 政府存款　Deposits of Government
对非金融性部门债权　Claims on Non－financial Sector	自有资金　Own Capital 其他负债　Other Liabilities
其他资产　Other Assets	
总资产　Total Assets	总负债　Total　Liabilities

［注］1. 自 2011 年 1 月起，中国人民银行采用国际货币基金组织关于储备货币的定义，不再将其他金融性公司在货币当局的存款计入储备货币。

2. 自 2011 年 1 月起，境外金融机构在人民银行存款数据计入国外负债项目，不再计入其他存款性公司存款。

例：给出 2012 年 1 月—6 月我国货币当局的资产负债表数据（见表 2－11）。

表 2－11　　货币当局资产负债表　　单位:亿元

项目＼时间	2012 年 1 月	2012 年 2 月	2012 年 3 月	2012 年 4 月	2012 年 5 月	2012 年 6 月
国外资产	239 596.43	240 146.21	240 694.62	239 983.29	239 912.16	239 978.29
外汇	234 139.10	234 769.61	235 799.52	235 173.97	235 159.32	235 189.82
货币黄金	669.84	669.84	669.84	669.84	669.84	669.84
其他国外资产	4 787.49	4 706.76	4 225.27	4 139.48	4 082.99	4 118.63
对政府债权	15 399.73	15 399.73	15 349.06	15 349.06	15 349.06	15 349.06
其中:中央政府	15 399.73	15 399.73	15 349.06	15 349.06	15 349.06	15 349.06
对其他存款性公司债权	22 525.74	10 302.27	10 551.50	10 793.07	11 048.23	13 303.72
对其他金融性公司债权	10 711.39	10 636.56	10 635.08	10 629.52	10 630.07	10 625.33
对非金融性部门债权	24.99	24.99	24.99	24.99	24.99	24.99
其他资产	6 765.76	6 766.73	6 767.13	6 771.80	6 790.24	6 789.65
总资产	295 024.05	283 276.49	284 022.38	283 551.73	283 754.74	286 071.05
储备货币	237 391.70	223 343.11	226 684.28	224 365.65	221 952.79	228 050.85
货币发行	67 739.73	56 359.54	54 378.61	54 735.91	53 507.82	54 294.32
其他存款性公司存款	169 651.98	166 983.56	172 305.67	169 629.74	168 444.97	173 756.53
不计入储备货币的金融性公司存款	928.02	951.43	1 106.94	1 106.15	1 153.54	1 182.27
发行债券	23 227.88	23 109.24	21 439.97	19 668.53	18 777.97	18 690.90
国外负债	2 669.84	2 454.88	1 846.58	1 935.70	1 961.14	1 097.06
政府存款	25 076.57	26 811.49	23 085.18	27 360.66	29 539.83	27 550.26
自有资金	219.75	219.75	219.75	219.75	219.75	219.75
其他负债	5 510.29	6 386.59	9 639.68	8 895.30	10 149.71	9 279.95
总负债	295 024.05	283 276.49	284 022.38	283 551.73	283 754.74	286 071.05

数据来源:中国人民银行网站

数据分析:

1. 基础货币 2012 年 1 月—6 月变化图示(见图 2－3)。

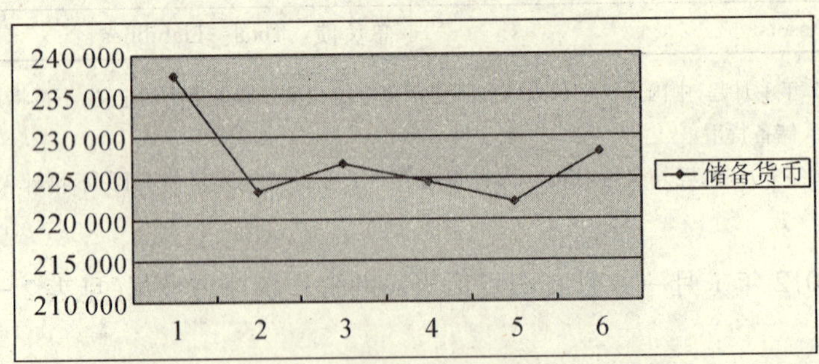

图 2－3　2012 年 1 月—6 月储备货币变化趋势

基础货币就是货币当局的资产负债表中的储备货币,包括发行货币和其他存款性公司存款(金融机构在中央银行的法定准备金和超额准备金)。

2. 比较1月和5月基础货币的增减情况。

5月的基础货币比1月减少了15 438.91亿元。其中:货币发行减少了14 231.91亿元,占全部变化量的92.18%。其他存款性公司存款减少了1 207.01亿元,占全部变化量的7.82%。

中央银行主要通过其中的两项资产操作,减少了基础货币量:一是对其他存款性公司债权减少了11 477.51亿元;二是其他国外资产减少了704.5亿元。而全部资产减少了11 269.31亿元。同时,增加了外汇资产,货币当局买进了外汇1 020.22亿元(见图2-4)。

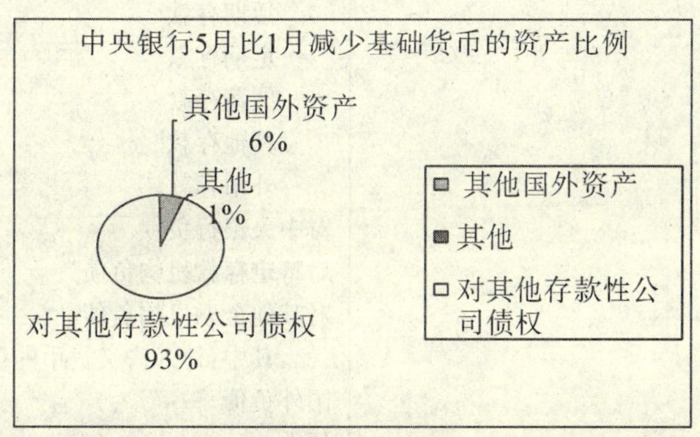

图2-4　中央银行基础货币的资产比例分析

3. 货币乘数分析(见表2-12和图2-5)。

表2-12　2012年1月—6月货币乘数相关数据　单位:亿元

项目＼时间	2012年1月	2012年2月	2012年3月	2012年4月	2012年5月	2012年6月
货币和准货币(M2)	855 898.89	867 171.42	895 565.50	889 604.04	900 048.77	925 041.20
货币(M1)	270 010.40	270 312.11	277 998.11	274 983.82	278 656.31	287 525.58
储备货币 MB	237 391.7	223 343.11	226 684.28	224 365.65	221 952.79	228 050.85
M1/MB	1.137 404 55	1.210 299 749	1.226 366 954	1.225 605 7	1.255 475 59	1.260 795 915
M2/MB	3.605 428 88	3.882 687 136	3.950 717 271	3.964 974 32	4.055 136 094	4.056 293 585

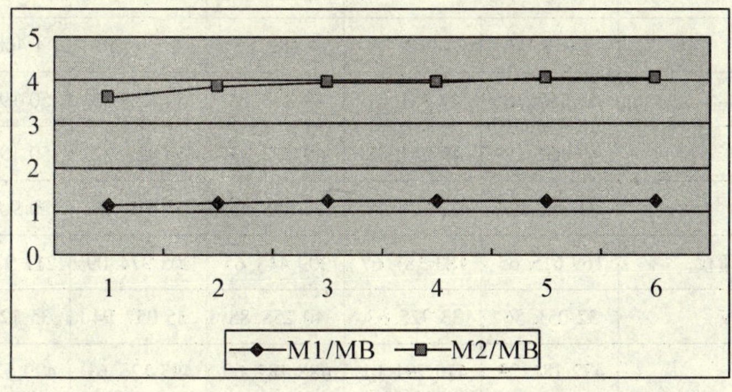

图2-5　2012年1月—6月货币乘数变化趋势分析

可以看出，这半年来，货币乘数呈稳步的增长趋势。

(二)其他存款性公司资产负债表

下面是我国的其他存款性公司资产负债表范式(表2-13)。

表2-13　其他存款性公司资产负债表　单位:亿元

资产	负债
	对非金融机构负债
	活期存款
国外资产	定期存款
储备资产	储蓄存款
准备金存款	其他存款
库存现金	外币存款
央行债券	对中央银行负债
对政府债权	对特定存款机构负债
其中:中央政府	对其他金融机构负债
对非金融机构债权	其中:计入广义货币的存款
对特定存款机构债权	国外负债
对其他金融机构债权	债券
其他资产	实收资本
	其他负债
总资产	总负债

例:下表给出我国2012年1月—6月其他存款性公司资产负债表数据(见表2-14)。

表2-14　其他存款性公司资产负债表　单位:亿元

项目 \ 时间	2012年1月	2012年2月	2012年3月	2012年4月	2012年5月	2012年6月
国外资产	25 061.18	26 163.25	27 857.32	29 735.76	30 633.47	32 057.32
储备资产	176 813.39	171 111.86	176 421.97	173 569.31	172 420.11	178 259.33
准备金存款	168 894.41	166 201.12	171 639.13	169 032.74	167 952.03	173 249.68
库存现金	7 918.97	4 910.74	4 782.85	4 536.56	4 468.08	5 009.66
对政府债权	49 162.18	49 951.01	49 853.23	50 429.32	50 191.25	51 144.37
其中:中央政府	49 162.18	49 951.01	49 853.23	50 429.32	50 191.25	51 144.37
对中央银行债权	21 380.75	22 101.45	22 898.75	20 610.49	20 908.06	19 392.54
对其他存款性公司债权	169 615.65	183 387.67	209 443.65	205 974.09	211 979.92	233 288.44
对其他金融机构债权	32 051.56	33 925.63	40 258.88	35 057.94	35 129.30	43 374.46
对非金融机构债权	472 184.29	479 791.01	488 787.60	493 126.61	499 626.32	507 098.07

表2-14(续)

项目＼时间	2012年1月	2012年2月	2012年3月	2012年4月	2012年5月	2012年6月
对其他居民部门债权	136 756.74	137 405.27	140 202.50	141 631.86	143 743.98	146 439.20
其他资产	53 049.72	55 259.97	53 184.78	55 663.76	57 792.02	57 630.24
总资产	1 136 075.46	1 159 097.12	1 208 908.69	1 205 799.14	1 222 424.43	1 268 683.98
对非金融机构及住户负债	768 379.55	782 916.09	816 395.40	809 637.96	819 861.33	850 305.55
纳入广义货币的存款	746 708.51	759 985.27	791 762.37	783 551.38	792 529.05	821 146.74
单位活期存款	210 189.68	218 863.33	228 402.38	224 784.50	229 616.60	238 241.53
单位定期存款	165 954.96	168 850.63	177 916.53	179 840.99	181 670.46	186 605.61
个人存款	370 563.88	372 271.31	385 443.46	378 925.88	381 242.00	396 299.60
不纳入广义货币的存款	17 383.40	18 927.58	20 468.70	21 842.22	22 778.86	24 465.36
可转让存款	6 780.43	6 927.07	7 032.69	7 006.15	6 966.28	7 541.83
其他存款	10 602.98	12 000.51	13 436.00	14 836.08	15 812.58	16 923.54
其他负债	4 287.64	4 003.25	4 164.34	4 244.36	4 553.41	4 693.44
对中央银行负债	18 715.58	6 897.45	7 619.60	7 873.78	8 179.70	10 239.47
对其他存款性公司负债	76 511.47	85 199.45	99 761.62	96 707.17	97 101.26	108 075.99
对其他金融性公司负债	57 333.42	63 201.67	60 329.00	62 731.95	64 449.49	60 753.50
其中:计入广义货币的存款	49 369.66	55 737.36	54 207.39	55 853.34	58 480.01	54 559.82
国外负债	8 297.64	8 334.06	8 637.30	8 804.95	8 824.18	9 661.35
债券发行	75 599.57	78 250.54	80 404.83	81 302.94	82 875.24	85 313.96
实收资本	28 753.48	28 849.66	29 028.61	29 152.04	29 319.75	29 603.75
其他负债	102 484.73	105 448.19	106 732.31	109 588.35	111 813.49	114 730.40
总负债	1 136 075.46	1 159 097.12	1 208 908.69	1 205 799.14	1 222 424.43	1 268 683.98

数据来源:中国人民银行网站

数据分析:

1. 其他存款性公司2012年1月—6月的派生存款变化分析(见图2-6)。

2. 其他存款性公司对2012年1月和5月的派生存款分析。

其他存款性公司在2012年5月的派生存款总额为:792 529.05亿元,比2012年1月增加45 820.54亿元。其中增加数量最多的是单位活期存款,为19 426.92亿元;其次是单位定期存款和个人存款,分别为:15 715.5亿元和10 678.12亿元(见图2-7)。

3. 其他存款性公司创造存款增加因素分析

分析其他存款性公司创造存款变化的因素分析,需要结合货币当局资产负债表。从货币当局资产负债表看,货币发行减少了14 231.91亿元;那么,其他存款性公司创造存款增加的主要原因在于:对其他存款性公司债权和对非金融机构债权增加较多,分别为:

42 364.27 亿元和 27 442.03 亿元(见图 2－8)。

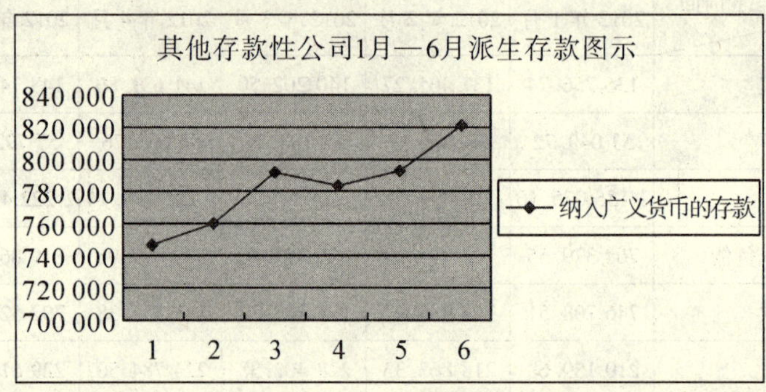

图 2－6　其他存款性公司 2012 年 1 月— 6 月的派生存款分析

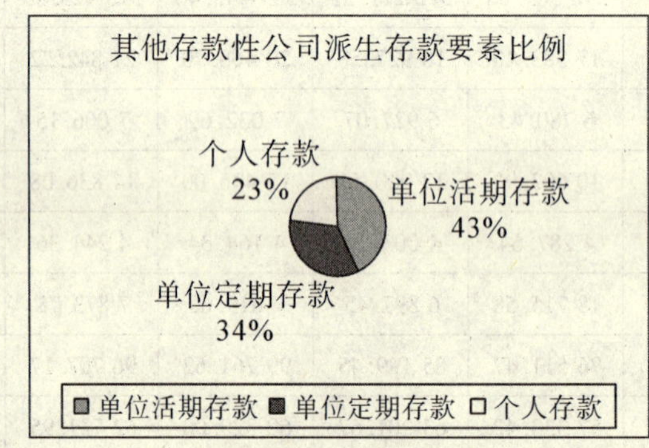

图 2－7　其他存款性公司派生存款要素分析

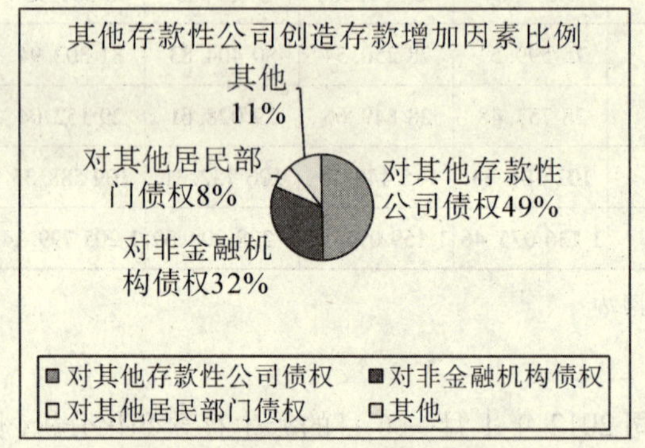

图 2－8　其他存款性公司创造存款增加因素分析

(三)其他金融性公司概览

《货币与金融统计手册》(2000)给出了其他金融公司概览的范式(见表 2－15):

表 2-15　其他金融性公司概览　单位:亿元

资产	负债与净值
国外净资产	存款
对非居民债权	其中:存款性公司
外币	非股票证券
存款	其中:存款性公司
非股票证券	贷款
贷款	其中:存款性公司
金融衍生工具	保险技术准备金
其他	住户在人寿保险准备金中的净股权
减:对非居民负债	住户在养老金中的净股权
存款	保费和债权余额准备金的预付
非股票证券	其中:存款性公司
贷款	贸易信贷和预付款
金融衍生工具	其中:存款性公司
其他	股票和其他股权
对存款性公司债权	其他项目(净值)
货币	其他负债
其他债权	减:其他资产
对中央政府净债权	加:合并调整
对中央政府债权	
减:对中央政府负债	
对其他部门债权	
总资产	总负债和净值

(四)存款性公司概览

在2006年之前,中国人民银行编制货币概览(货币当局资产负债表和存款货币银行资产负债表合并)和银行概览(货币概览和特定存款机构资产负债表合并)。从2006年开始,中国人民银行与国际接轨,开始编制存款性公司概览(中央银行概览和其他存款性公司概览汇总)。下面是我国的存款性公司概览范式(见表2-16)。

表 2-16　　存款性公司概览

Depository Corporations Survey　　单位:亿元

资产	负债
国外净资产 Net Foreign Assets 国内信贷　Domestic Credits 对政府债权(净) Claims on Government (net) 对非金融部门债权 Claims on Non-financial Sectors 对其他金融部门债权 Claims on Other Financial Sectors	货币和准货币 Money & Quasi Money 货币　Money 流通中货币 Currency in Circulation 单位活期存款 Coporate Demand Deposits 准货币　Quasi Money 单位定期存款 Coporate Time Deposits 个人存款 Personal Deposits 其他存款　Other Deposits 不纳入广义货币的存款 Deposits Excluded from Broad Money 债券　Bonds 实收资本　Paid-in Capital 其他(净)　Other Items (net)

例:表 2-17 给出我国 2012 年 1 月—6 月存款性公司概览数据。

表 2-17　　存款性公司概览　　单位:亿元

项目＼时间	2012 年 1 月	2012 年 2 月	2012 年 3 月	2012 年 4 月	2012 年 5 月	2012 年 6 月
国外净资产	253 690.13	255 520.52	258 068.06	258 978.41	259 760.30	261 277.20
国内信贷	691 214.32	700 322.71	722 026.16	718 888.65	725 155.13	746 505.22
对政府债权(净)	39 485.34	38 539.25	42 117.11	38 417.72	36 000.47	38 943.16
对非金融部门债权	608 966.03	617 221.26	629 015.09	634 783.46	643 395.29	653 562.26
对其他金融部门债权	42 762.95	44 562.19	50 893.96	45 687.47	45 759.37	53 999.80
货币和准货币	855 898.89	867 171.42	895 565.50	889 604.04	900 048.77	924 991.20
货币	270 010.40	270 312.11	277 998.11	274 983.82	278 656.31	287 526.17
流通中货币	59 820.72	51 448.78	49 595.74	50 199.32	49 039.72	49 284.64
单位活期存款	210 189.68	218 863.33	228 402.38	224 784.50	229 616.60	238 241.53
准货币	585 888.49	596 859.30	617 567.38	614 620.21	621 392.46	637 465.03
单位定期存款	165 954.96	168 850.63	177 916.53	179 840.99	181 670.46	186 605.61
个人存款	370 563.88	372 271.31	385 443.46	378 925.88	381 242.00	396 299.60
其他存款	49 369.66	55 737.36	54 207.39	55 853.34	58 480.01	54 559.82

表2－17(续)

项目 \ 时间	2012年1月	2012年2月	2012年3月	2012年4月	2012年5月	2012年6月
不纳人广义货币的存款	17 383.40	18 927.58	20 468.70	21 842.22	22 778.86	24 465.36
债券	75 599.57	78 250.54	80 404.83	81 302.94	82 875.24	85 313.96
实收资本	28 973.23	29 069.42	29 248.37	29 371.79	29 539.50	29 823.50
其他(净)	－32 950.65	－37 575.73	－45 593.17	－44 253.94	－50 326.94	－56 811.61

数据来源:中国人民银行网站

(五)金融性公司概览

目前,我国还没有编制金融性公司概览。《货币与金融统计手册》(2000)给出了金融性公司概览(存款性公司概览和其他金融公司概览汇总)范式(见表2－18):

表2－18　　金融性公司概览　　单位:亿元

资产	负债
国外净资产	金融性公司之外的货币
对非居民债权	存款
减:对非居民负债	非股票证券
国内债权	贷款
对中央政府净债权	金融衍生工具
对中央政府债权	保险技术准备金
减:对中央政府负债	贸易信贷和预付款
对其他部门债权	股票和其他股权
州及地方政府	其他项目(净值)
公共非金融性公司	其他负债
其他非金融性公司	减:其他资产
其他居民部门	加:合并调整

四、信贷收支统计分析

信贷创造是指一家机构单位(债权人或贷款人)向另一家单位(债务人或借款人)提供资源。债权单位获得金融债权,债务单位产生支付负债。从资产方来看是信贷,从负债方来看是债务。可见,信贷是货币传导过程中的一个主要环节。为非金融部门提供的信贷能够为生产、消费和资本形成提供融资。与货币乘数类似,也存在信贷乘数。信贷扩张常常伴随着货币存量的扩张。

《货币与金融统计手册》(2000)没有给出信贷和债务定义,SNA2008也没有规定测算方法。信贷数据与货币总量一样,具有三个部分:所包括的金融资产、发行部门(贷款人)和持有部门(借款人)。信贷数据可以包括这个经济体,也可仅限于特定的发行部门(如存款性公司发行的信贷)。

从金融资产看，信贷数据只包括金融资产（不包括信贷额度、贷款承诺、担保或有头寸等），可以包括所有的金融资产或形成信贷的金融资产的一部分。狭义信贷包括以贷款、非股票证券、贸易信贷和预付款为表现形式的债权。广义信贷总量包括一个单位对另一个单位的大部分或所有债权。

从发行部门（贷款人）看，狭义信贷总量可以定义为只包括存款性公司对其他部门的债权。广义信贷总量包括所有金融性公司的债权。综合信贷总量数据可以包括所有国内部门和非居民发放的信贷。

从持有部门（借款人）看，借款部门包括所有非金融部门。广义信贷总量数据通常不包括金融性公司之间的信贷流量。

对制定和实施货币及其他宏观经济政策起重要作用的信贷数据主要包括中央银行信贷和中央政府信贷。中央银行信贷是指中央银行为其他存款性公司（有时也为其他金融性公司）提供的信贷。中央银行信贷对实施货币政策具有非常重要的作用：为其他存款性公司的持续运营提供流动性；使其他存款性公司能够应付季节性信贷需求；影响国家金融形势和广义货币数量；提供紧急援助。中央政府信贷指中央政府为金融性公司提供贷款或在金融性公司存款的方式提供信贷，也为非金融部门提供信贷。前者可以为金融性公司进行信贷扩张；后者可以促进公共政策目标实现或提供紧急援助等（见表 2－19）。

表 2－19　**金融机构本外币信贷收支表**

Summary of Sources & Uses of Funds of Financial Institutions

（in RMB and Foreign Currency）　单位：亿元

来源方项目 Funds Sources	运用方项目 Funds Uses
一、各项存款 Total Deposits	一、各项贷款 Total Loans
1. 单位存款 Corporate Deposits	（一）境内贷款 Domestic Loans
其中：活期存款 Demand Deposits	1. 短期贷款 Short－term Loans
定期存款 Time Deposits	2. 中长期贷款 Medium & Long－term Loans
通知存款 Notice Deposits	3. 融资租赁 Financial Lease
保证金存款 Margin Deposits	4. 票据融资 Bill Financing
2. 个人存款 Personal Deposits	5. 各项垫款 Miscellaneous Advances
储蓄存款 Savings Deposits	（二）境外贷款 Overseas Loans
保证金存款 Margin Deposits	二、有价证券 Portfolio Investments
结构性存款 Structure Deposits	三、股权及其他投资 Shares and Other Investments
3. 财政性存款 Fiscal Deposits	四、黄金占款 Position for Bullion Purchase
4. 临时性存款 Temporary Deposits	五、在国际金融机构资产
5. 委托存款 Designated Deposits	Assets with International Financial Institutions
6. 其他存款 Other Deposits	
二、金融债券 Financial Bond	
三、对国际金融机构负债	
Liabilities to International Financial Institutions	
四、其他 Other Items	
资金来源总计 Total Funds Sources	资金运用总计 Total Funds Uses

例：下面是我国 2012 年 1 月—6 月金融机构本外币信贷收支表数据（见表 2－20）。

表 2－20 金融机构本外币信贷收支表 单位:亿元

项目＼时间	2012 年 1 月	2012 年 2 月	2012 年 3 月	2012 年 4 月	2012 年 5 月	2012 年 6 月
来源方项目						
一、各项存款	819 680.66	837 339.27	868 448.71	865 162.54	878 425.04	908 760.84
1. 单位存款	395 980.48	409 396.80	429 973.87	429 593.89	437 323.87	452 365.76
其中:活期存款	174 808.66	181 024.18	187 983.86	186 044.36	189 889.35	196 430.14
定期存款	107 960.51	110 561.90	115 318.06	117 088.40	119 353.12	123 059.25
通知存款	14 462.21	14 063.89	15 496.67	15 111.57	15 031.57	15 646.89
保证金存款	46 410.11	48 057.56	51 398.68	52 305.42	53 451.81	55 370.85
2. 个人存款	374 645.99	375 973.93	389 383.75	382 930.92	385 565.64	400 628.68
储蓄存款	361 105.16	362 003.97	372 971.16	366 889.39	371 111.57	385 247.73
保证金存款	321.45	355.56	382.50	399.82	467.60	487.56
结构性存款	13 219.38	13 614.39	16 030.09	15 641.71	13 986.47	14 893.40
3. 财政性存款	29 726.82	30 944.63	26 886.79	31 230.43	33 881.88	31 522.21
4. 临时性存款	2 220.64	2 390.10	2 059.93	2 180.23	2 228.12	2 707.45
5. 委托存款	254.55	435.73	392.01	416.61	187.64	177.26
6. 其他存款	16 852.18	18 198.08	19 752.36	18 810.45	19 237.89	21 359.48
二、金融债券	8 904.31	8 985.89	9 081.66	8 509.15	7 713.92	7 367.07
三、对国际金融机构负债	741.11	765.88	765.54	756.47	793.61	780.41
四、其他	－121 666.88	－129 542.62	－147 179.74	－136 587.66	－140 951.90	－157 963.71
资金来源总计	707 659.20	717 548.42	731 116.17	737 840.50	745 980.68	758 944.62
运用方项目						
一、各项贷款	589 087.70	596 615.35	607 690.42	614 515.97	623 070.30	633 249.69
(一)境内贷款	577 917.73	585 270.69	596 266.52	602 922.14	611 336.84	621 211.43
1. 短期贷款	220 284.28	224 202.91	230 517.61	232 642.78	235 713.48	242 063.92
2. 中长期贷款	337 783.18	339 930.30	342 931.34	344 882.71	347 680.02	350 514.80
3. 融资租赁	4 363.01	4 506.50	4 732.67	4 875.79	5 054.17	5 372.61
4. 票据融资	15 221.06	16 327.00	17 717.14	20 124.51	22 446.69	22 788.53
5. 各项垫款	266.20	303.99	367.76	396.35	442.49	471.57
(二)境外贷款	11 169.98	11 344.66	11 423.89	11 593.83	11 733.45	12 038.26
二、有价证券	100 051.20	101 932.58	102 980.73	103 101.17	103 315.10	105 436.04
三、股权及其他投资	16 136.58	16 628.69	18 069.25	17 855.60	17 248.29	17 910.62

表2-20(续)

项目＼时间	2012年1月	2012年2月	2012年3月	2012年4月	2012年5月	2012年6月
四、黄金占款	669.84	669.84	669.84	669.84	669.84	669.84
五、在国际金融机构资产	1 713.87	1 701.96	1 705.93	1 697.92	1 677.15	1 678.42
资金运用总计	707 659.20	717 548.42	731 116.17	737 840.50	745 980.68	758 944.62

[注]1. 本表机构包括中国人民银行、银行业存款类金融机构、信托投资公司、金融租赁公司和汽车金融公司。

2. 银行业存款类金融机构包括银行、信用社和财务公司。

3. 本表6月份为初步数据,其他月份为正式数据。

数据来源:中国人民银行网站

例:下面给出按部门分类的2012年1月—6月金融机构本外币信贷收支表数据(见表2-21)。

表2-21　金融机构本外币信贷收支表(按部门分类)　单位:亿元

项目＼时间	2012年1月	2012年2月	2012年3月	2012年4月	2012年5月	2012年6月
来源方项目						
一、各项存款	819 680.66	837 339.27	868 448.71	865 162.54	878 425.04	908 760.84
1. 住户存款	369 778.16	371 276.42	384 287.78	377 968.70	380 346.48	395 181.65
(1)活期及临时性存款	144 662.50	140 855.41	146 626.71	140 368.41	141 707.56	150 547.50
(2)定期及其他存款	225 115.66	230 421.01	237 661.07	237 600.29	238 638.92	244 634.15
2. 非金融企业存款	287 343.52	297 726.30	313 303.13	311 606.19	317 941.25	328 818.28
(1)活期及临时性存款	123 215.24	127 701.98	132 289.66	129 879.26	133 091.75	137 641.43
(2)定期及其他存款	164 128.28	170 024.31	181 013.47	181 726.94	184 849.50	191 176.84
3. 机关团体存款	108 380.93	111 396.36	116 144.13	117 567.06	118 787.94	123 342.77
4. 财政性存款	29 726.82	30 944.63	26 886.79	31 230.43	33 881.88	31 522.21
5. 其他存款	16 852.18	18 198.08	19 752.36	18 810.45	19 237.89	21 359.48
6. 非居民存款	7 599.05	7 797.47	8 074.52	7 979.70	8 229.59	8 536.46
二、金融债券	8 904.31	8 985.89	9 081.66	8 509.15	7 713.92	7 367.07
三、对国际金融机构负债	741.11	765.88	765.54	756.47	793.61	780.41
四、其他	-121 666.88	0.00	-147 179.74	-136 587.66	-140 951.90	-157 963.71

表2－21(续)

项目 \ 时间	2012年1月	2012年2月	2012年3月	2012年4月	2012年5月	2012年6月
资金来源总计	707 659.20	1 701.96	731 116.17	737 840.50	745 980.68	758 944.62
运用方项目						
一、各项贷款	589 087.70	596 615.35	607 690.42	614 515.97	623 070.30	633 249.69
(一)境内贷款	577 917.73	585 270.69	596 266.52	602 922.14	611 336.84	621 211.43
1. 住户贷款	137 655.74	138 307.49	141 120.22	142 543.19	144 688.56	147 410.71
(1)消费性贷款	89 703.16	89 776.43	91 170.25	91 884.53	93 120.21	94 603.52
短期消费性贷款	13 676.29	13 543.59	14 390.50	14 719.23	15 290.19	15 985.78
中长期消费性贷款	76 026.86	76 232.84	76 779.75	77 165.30	77 830.01	78 617.75
(2)经营性贷款	47 952.59	48 531.06	49 949.97	50 658.66	51 568.36	52 807.18
短期经营性贷款	30 477.33	30 936.69	31 973.87	32 439.75	33 020.23	33 849.64
中长期经营性贷款	17 475.26	17 594.37	17 976.10	18 218.91	18 548.12	18 957.54
2. 非金融企业及其他部门贷款	440 261.98	446 963.20	455 146.31	460 378.95	466 648.28	473 800.72
(1)短期贷款及票据融资	191 351.71	196 049.63	201 870.38	205 608.31	209 849.74	215 017.04
短期贷款	176 130.65	179 722.63	184 153.24	185 483.79	187 403.05	192 228.50
票据融资	15 221.06	16 327.00	17 717.14	20 124.51	22 446.69	22 788.53
(2)中长期贷款	244 281.06	246 103.09	248 175.49	249 498.50	251 301.88	252 939.51
(3)其他贷款	4 629.21	4 810.49	5 100.43	5 272.14	5 496.65	5 844.18
(二)境外贷款	11 169.98	11 344.66	11 423.89	11 593.83	11 733.45	12 038.26
二、有价证券	100 051.20	101 932.58	102 980.73	103 101.17	103 315.10	105 436.04
三、股权及其他投资	16 136.58	16 628.69	18 069.25	17 855.60	17 248.29	17 910.62
四、黄金占款	669.84	669.84	669.84	669.84	669.84	669.84
五、在国际金融机构资产	1 713.87	1 701.96	1 705.93	1 697.92	1 677.15	1 678.42
资金运用总计	707 659.20	130 575.77	731 116.17	737 840.50	745 980.68	758 944.62

［注］1. 本表机构包括中国人民银行、银行业存款类金融机构、信托投资公司、金融租赁公司和汽车金融公司。

2. 银行业存款类金融机构包括银行、信用社和财务公司。

3. 定期及其他存款包括定期存款、通知存款、定活两便存款、协议存款、协定存款、保证金存款、结构性存款。

4. 本表6月份为初步数据，其他月份为正式数据。

数据来源：中国人民银行网站

数据分析：如住户贷款，2012 年第一、二季度，对住户贷款余额分别为 141 120.22 亿元和 147 410.71 亿元。第二季度比第一季度增加了 6 290.49 亿元，增长了 4.46%。

第二节　商业银行和政策性银行统计分析

一、商业银行统计概述

商业银行是现代最重要的金融机构之一。早在公元前 6 世纪，在巴比伦已有一家“里吉比”银行。在公元前 2000 年以前，巴比伦的寺院已对外放款，而且放款是采用由债务人开具类似本票的文书，交由寺院收执，且此项文书可以转让。公元前 4 世纪，希腊的寺院、公共团体、私人商号，也从事各种金融活动。但这种活动只限于货币兑换业性质，还没有办理放款业务。罗马在公元前 200 年也有类似希腊银行业的机构出现，但较希腊银行业又有所进步，它不仅经营货币兑换业务，还经营贷放、信托等业务，同时对银行的管理与监督也有明确的法律条文。罗马银行业所经营的业务虽不属于信用贷放，但已具有近代银行业务的雏形。

现代银行的萌芽，起源于文艺复兴时期的意大利。“银行”一词英文“Bank”来自于意大利文“Banca”（“长凳”之意）。最初的银行家均为祖居在意大利北部伦巴第的犹太人，他们为躲避战乱，迁移到英伦三岛，以兑换、保管贵重物品、汇兑等为业。在市场上人各一凳，据以经营货币兑换业务。倘若有人遇到资金周转不灵，无力支付债务时，就会招致债主们群起捣碎其长凳，兑换商的信用也即宣告破碎。英文“Bankruptcy”（破产）即源于此。

中世纪的欧洲地中海沿岸各国，尤其是意大利的威尼斯、热那亚等著名国际贸易中心，商贾云集，市场繁荣。由于各国货币制度不同，为了适应贸易发展，必须进行货币兑换。于是，专门从事货币兑换的专业货币商出现了。随着异地交易和国际贸易的进一步发展，来自各地的商人们把自己的货币交存专业货币商以委托其办理汇兑与支付。于是出现了银行的最初职能：货币的兑换与款项的划拨。

随着存款数量不断增加，商人们开始把汇兑业务中暂时闲置的资金贷放给社会上的资金需求者。起初贷放款项仅限于自有资金，但随着代理支付制度的出现，借款者即把所借款项存入贷出者处，并通知贷放人代理支付。于是，贷款就不仅限于现实的货币，有一部分成了账面信用。而这正是现代银行的本质特征。不过，这只是现代银行的原始发展阶段。因为其放款对象主要是政府和封建贵族，具有高利贷性质，其信用不利于社会再生产过程。随着货币经营业务的完善，孕育了信贷业务的萌芽。在 17 世纪末到 18 世纪期间，随着生产力的发展，生产技术的进步，社会劳动分工的扩大，资本主义生产关系产生和发展，资本主义商业银行应运而生。一是旧的高利贷性质的银行逐渐缓慢地转化为资本主义银行；二是主要由新兴的资产阶级按照资本主义原则组织的股份制银行。1694 年，在政府的帮助下，英国建立了历史上第一家资本主义股份制的商业银行——英格兰银行。它的出现，宣告了高利贷性质的银行业在社会信用领域垄断地位的结束，标志着资本主义现代银行制度开始形成以及商业银行的产生。从这个意义上说，英格兰银行是现代商业银行的鼻祖。继英格兰银行之后，欧洲各资本主义国家都相继成立了商业银行。从此，现代商业银行体系在世界范围内开始普及。

与西方的银行相比，中国的银行则产生较晚。较早的是南北朝时的寺庙典当业。到了唐代，出现了类似汇票的“飞钱”，这是我国最早的汇兑业务。北宋真宗时，由四川富商发行的交子，成为我国早期的纸币。到了明清以后，当铺是中国主要的信用机构。明末，一些较大的经营银钱兑换业的钱铺发展成为银庄。银庄产生初期，除兑换银钱外，还从事贷放，到了清代，才逐渐开办存款、汇兑业务，但最终在清政府的限制和外国银行的压迫下，走向衰落。我国近代银行业是在19世纪中叶外国资本主义银行入侵之后才兴起的。最早到中国来的外国银行是英商东方银行，其后各资本主义国家纷纷来华设立银行，刺激了我国银行业的发展。清政府于1897年在上海成立了中国通商银行，标志着中国现代银行的产生。此后，浙江兴业、交通银行相继产生。

“商业银行”的称谓来自于早期银行主要是吸收短期存款，发放短期商业贷款为基本业务而获名，今天的商业银行被赋予更广泛、更深刻的内涵。特别是第二次世界大战以来，随着社会经济的发展，银行业竞争的加剧，商业银行的业务范围不断扩大，逐渐成为多功能、综合性的“金融百货公司”。

商业银行是指吸收存款、发放贷款和其他中间业务，并以获取利润为目的的金融机构。我国的商业银行是指依照《中华人民共和国商业银行法》和《中华人民共和国公司法》设立的吸收公众存款、发放贷款、办理结算等业务的企业法人。

我国的商业银行始于1993年，《中共中央关于建立社会主义市场经济体制若干问题的决定》明确规定：发展商业性银行。现有的专业银行要逐步转变为商业银行，并根据需要有步骤地组建农村合作银行和城市合作银行。《中华人民共和国商业银行法》（2003年修正版）列出商业银行可以经营的14种业务：①吸收公众存款；②发放短期、中期和长期贷款；③办理国内外结算；④办理票据承兑与贴现；⑤发行金融债券；⑥代理发行、代理兑付、承销政府债券；⑦买卖政府债券、金融债券；⑧从事同业拆借；⑨买卖、代理买卖外汇；⑩从事银行卡业务；⑪提供信用证服务及担保；⑫代理收付款项及代理保险业务；⑬提供保管箱服务；⑭经国务院银行业监督管理机构批准的其他业务。这些商业银行的业务可以分为四个方面：负债业务、资产业务、中间业务和表外业务。负债业务指吸收资金的业务，是商业银行的基础业务；资产业务指运用资金取得收益的业务（如：放贷业务、投资业务、贴现业务等）；中间业务指不动用商业银行自身资金，只代理客户承办并收取手续费的业务（结算业务、信托业务、租赁业务、代理业务等）；表外业务指商业银行资产负债表以外的各项业务（贷款承诺、担保等）。

商业银行统计分析是指利用统计思想和方法，对商业银行经营管理数据进行整理分析，发现规律，为管理和决策提供科学依据。商业银行统计要充分反映银行的中介功能、支付功能、担保功能、代理功能和政策功能等。商业银行统计分析工作主要内容包括业务现状及趋势分析、客户信息统计分析、经营环境与市场需求统计分析、收益与风险统计分析、竞争力统计分析、其他专题统计分析等。商业银行统计基础数据包括业务经营数据（资产负债表、损益表等）、信贷数据、金融市场数据（货币供应量、利率、汇率等）、同业数据和宏观经济数据等。

二、商业银行资产负债和利润统计分析

我国商业银行资产负债统计,始于1997年。据中国人民银行相关文件规定:自1997年1月1日起中国人民银行和各金融机构按新的指标体系报送金融统计数据。商业银行资产负债统计是从金融机构会计部门资产负债表中所获资料进行统计的。

例:我国国有商业银行中国工商银行的资产负债和利润数据见表2-22~表2-24。

表2-22　　中国工商银行资产负债表(2009)　　单位:亿元

资产＼时间	2009年	2008年	负债及股东权益＼时间	2009年	2008年
现金及存放中央银行款项	16 930.48	16 930.24	同业及其他金融机构存放款项	9 310.10	5 926.07
存放同业及其他金融机构款项	1 573.95	415.71	拆入资金	706.24	536.47
贵金属	26.99	28.19	以公允价值计量且其变动计入		
拆出资金	779.06	1 267.92	当期损益的金融负债	158.31	118.34
以公允价值计量且其变动计入			衍生金融负载	77.73	136.12
当期损益的金融资产	201.47	336.41	卖出回购款项	360.60	46.48
衍生金融资产	57.58	157.21	存款证及应收票据	14.72	7.25
买入返售款项	4 088.26	1 634.93	客户存款	97 712.77	82 234.46
客户贷款及垫款	55 831.74	44 360.11	应付职工薪酬	207.72	299.42
可供出售金融资产	9 499.09	5 376.00	应交税费	286.26	449.79
持有至到期投资	14 967.38	13 143.20	应付次级债券及存款证	750.00	350.00
应收款项类投资	11 323.79	11 627.69	递延所得税负债	1.78	0.16
长期股权类投资	362.78	284.21	其他负债	1 474.96	1 500.59
固定资产	846.26	797.59	负债合计	111 061.19	91 505.16
在建工程	86.93	51.89	股本	3 340.19	3 340.19
递延所得税资产	186.96	107.75	资本公积	1 021.56	1 124.61
其他资产	1 087.81	1 057.49	盈余公积	374.84	246.50
			一般准备	842.22	693.55
			未分配利润	1 179.31	721.46
			外币报表折算差额	(19.19)	(94.48)
			归属于母公司股东的权益	6 738.93	6 031.83
			少数股东权益合计	50.41	39.55
			股东权益合计	6 789.34	6 071.38
资产合计	117 850.53	97 576.54	负债及股东权益合计	117 850.53	97 576.54

数据来源:2010年中国金融统计年鉴

表 2－23　　中国工商银行利润表(2009)　　单位:亿元

项目　　　　时间	2009 年	2008 年
一、营业收入	3 094. 54	3 097. 58
利息净收入	2 458. 21	2 630. 37
利息收入	4 058. 78	4 405. 74
利息支出	(1 600. 57)	(1 775. 37)
手续费及佣金净收入	551. 47	440. 02
手续费及佣金收入	590. 42	467. 11
手续费及佣金支出	(38. 95)	(27. 09)
投资收益	99. 04	33. 48
其中:对联营公司的投资收益	19. 87	19. 78
公允价值变动净损失	(1. 01)	(0. 71)
汇兑及汇率产品净损失	(12. 46)	(8. 51)
其他业务收入	(0. 71)	2. 93
二、营业支出	(1 434. 60)	(1 662. 27)
营业税金及附加	(181. 57)	(187. 65)
业务及管理费	(1 017. 03)	(915. 06)
资产减值损失	(232. 19)	(555. 28)
其他业务成本	(3. 81)	(4. 28)
三、营业利润	1 659. 94	1 435. 31
加:营业外收入	22. 13	25. 34
减:营业外支出	(9. 59)	(10. 64)
四、税前利润	1 672. 48	1 453. 01
减:所得税费用	(378. 98)	(341. 50)
五、净利润	1 293. 5	1 111. 51

数据来源:2010 年中国金融统计年鉴

表 2－24　　中国工商银行分地区存款、贷款余额　　单位:亿元

地区　时间/项目	2008 年		2009 年	
	存款	贷款	存款	贷款
总行	2 040. 34	1 241. 56	1 487. 57	1 042. 03
长江三角洲	16 951. 56	11 376. 93	20 381. 77	13 888. 53
珠江三角洲	10 365. 94	6 671. 71	12 344. 64	8 446. 90

表2-24(续)

地区 \ 项目 \ 时间	2008年		2009年	
	存款	贷款	存款	贷款
环渤海地区	21 384.73	8 384.94	25 678.98	10 768.20
中部地区	11 455.25	6 063.68	13 765.86	7 779.25
西部地区	5 807.93	2 812.52	15 338.85	9 520.11
东北地区	12 646.49	7 326.25	6 859.70	3 499.26
境外及其他	1 582.22	1 842.35	1 856.40	2 341.98
合计	82 234.46	45 719.94	97 712.77	57 286.26

数据来源:2010年中国金融统计年鉴

数据分析:

1. 资产业务分析

$$固定资产(拆出资金等)构成比率=\frac{固定资产余额(拆出资产余额等)}{资产总额}$$

该指标表示银行各类资产的构成比率以及资产运用的合理程度。

$$总资产增长率=\frac{当期总资产余额}{上年同期总资产余额}-1$$

该指标表示总资产增长的变动程度。

2. 负债业务分析

$$拆入资金(衍生金融负债等)构成比率=\frac{拆入资金余额(衍生金融负债余额等)}{负债总额}$$

该指标表示银行各类负债的构成比率的合理程度。

$$负债总量增长率=\frac{负债总额}{上年同期负债总额}-1$$

该指标表示总负债的变动程度。

3. 经营收益分析

$$营业收入增长率=\frac{本期营业收入}{上年同期营业收入}-1$$

该指标表示营业收入增长的变动程度。

$$资产收益率=\frac{营业收入}{资产总额}\times 100\%$$

该指标表示单位资产的营业收入。

$$营业收入对资产的增长弹性系数=\frac{营业收入增长率}{资产增长率}$$

该指标表示资产的相对变动引起营业收入的相对变动。

若弹性系数大于1,表明营业收入的增长速度大于资产的增长速度;资产的平均收益率提高,资产的盈利性结构有所改善,盈利能力增强。

若弹性系数小于1,表明营业收入的增长速度小于资产的增长速度;银行存在着外延扩张倾向，资产效益潜力未能充分发挥出来。

4. 成本费用(率)分析

$$营业支出增长率=\frac{本期营业支出}{上年同期营业支出}-1$$

该指标表示营业支出的变动程度。

$$利息支出增长率=\frac{本期利息支出}{上年同期利息支出}-1$$

该指标表示利息支出的变动程度。

$$营业支出对营业收入弹性系数=\frac{营业支出增长率}{营业收入增长率}$$

该指标表示营业收入的相对变动引起营业支出的相对变动。

若弹性系数大于1，表明营业支出的增长速度大于营业收入的增长速度；营业效益相对较低。

若弹性系数小于1，表明营业支出的增长速度小于营业收入的增长速度；营业成本费用的比例降低，营业效益水平有所提高。

$$营业支出对负债增长弹性系数=\frac{营业支出增长率}{负债增长率}$$

该指标表示负债的相对变动引起营业支出的相对变动。

若弹性系数大于1，表明营业支出的增长速度大于负债的增长速度；单位负债的营业支出有所上升，营业效益相对降低。

若弹性系数小于1，表明营业支出的增长速度小于负债的增长速度；单位负债的营业成本费用比例降低，营业效益水平相对有所提高。

$$收入成本费用率=\frac{营业支出}{营业收入}\times 100\%$$

该指标表示单位营业收入所占营业成本费用。分析银行成本的升降情况。

$$利息收付率=\frac{利息支出}{利息收入}\times 100\%$$

该指标表示银行利息的收支情况。是银行的基本收入支出。

$$税收比率=\frac{营业税金及附加}{营业收入}\times 100\%$$

该指标表示单位营业收入所占营业税金费用。

5. 利润分析

$$利润增长率=\frac{本期净利润}{上年同期净利润}-1$$

该指标表示利润的变动程度。适度区间10%～20%。

$$利润对营业收入增长的弹性系数=\frac{利润增长率}{营业收入增长率}$$

该指标表示营业收入的相对变动引起利润的相对变动。

若弹性系数大于1，表明利润的增长速度大于营业收入的增长速度；银行利润相对较高。

若弹性系数小于1,表明利润的增长速度小于营业收入的增长速度;银行利润相对较低。

$$\text{利润对资产增长的弹性系数} = \frac{\text{利润增长率}}{\text{资产增长率}}$$

该指标表示资产的相对变动引起利润的相对变动。

若弹性系数大于1,表明利润的增长速度大于资产的增长速度;银行资产的平均利润率提高,资产的盈利性结构有所改善,盈利能力增强。

若弹性系数小于1,表明利润的增长速度小于资产的增长速度;银行资产的平均利润率有所下降,资产的盈利能力减弱。

6. 存贷款分析

$$\text{贷款增加额} = \text{本期贷款余额} - \text{上期贷款余额}$$

$$\text{贷款增长率} = \frac{\text{本期贷款余额}}{\text{上期贷款余额}} - 1$$

$$\text{存贷差} = \text{各项存款} - \text{各项贷款}$$

$$\text{存贷款余额比率} = \frac{\text{各项贷款余额}}{\text{各项存款}}$$

例:我国全国性股份制商业银行中国民生银行股份有限公司的资产负债表和利润表数据如表2-25和表2-26所示。

表2-25　　中国民生银行股份有限公司资产负债表(2009)　　单位:亿元

资产＼时间	2009年	2008年	负债及股东权益＼时间	2009年	2008年
现金及存放中央银行款项	2 247.44	1 847.72	同业及其他金融机构存放款项	1 398.82	1 205.16
存放同业款项	618.41	147.32	拆入资金	75.00	319.92
贵金属	2.65	1.10	外国政府借款	3.91	3.91
拆出资金	207.16	170.95	向其他金融机构借款		
交易性金融资产	47.47	44.05	衍生金融负债	3.95	12.39
衍生金融资产	4.65	12.16	卖出回购金融资产款	20.00	74.45
买入返售金融资产	522.99	353.13	吸收存款	11 253.90	7 858.14
应收利息	42.27	33.99	应付职工薪酬	19.81	9.72
发放贷款和垫款	8 662.92	6 464.43	应交税费	49.69	25.16
可供出售金融资产	489.10	534.72	应付利息	58.27	69.53
持有至到期投资	571.02	387.16	预计负债	12.69	6.09
应收款项类投资	455.67	370.66	应付债券	230.60	339.99
长期应收款			其他负债	35.50	38.85
长期股权投资	29.35	29.00	负债合计	13 162.14	9 963.31
固定资产	74.12	64.72	股本	222.62	188.23
无形资产	1.96	1.87	资本公积	381.69	180.48

表2－25(续)

资产＼时间	2009 年	2008 年	负债及股东权益＼时间	2009 年	2008 年
递延所得税资产	31.66	10.78	盈余公积	41.84	29.83
其他资产	32.03	27.65	一般风险准备	109.00	80.00
			未分配利润	123.58	59.56
			归属于母公司的股东权益合计	878.73	538.10
			少数股东权益		
			股东权益合计	878.73	538.10
资产总计	14 040.87	10 501.41	负债及股东权益总计	14 040.87	10 501.41

数据来源:2010 年中国金融统计年鉴

表 2－26　　中国民生银行股份有限公司利润表(2009)　　单位:亿元

项目＼时间	2009 年	2008 年
一、营业收入		
利息收入	526.73	561.15
利息支出	(209.46)	(259.02)
利息净收入	317.27	302.13
手续费及佣金收入	48.52	46.55
手续费及佣金支出	(3.22)	(2.93)
手续费及佣金净收入	45.30	43.62
投资收益	49.93	0.20
公允价值变动收益	0.44	2.06
汇兑收益/(损失)	0.94	(0.57)
其他业务收入	0.23	0.07
二、营业费用		
营业税金及附加	(27.58)	(29.02)
业务及管理费	(174.65)	(148.03)
资产价值损失	(51.10)	(64.45)
其他业务成本	(6.09)	(2.70)
三、营业利润	154.69	103.31
加:营业外收入	1.72	1.49
减:营业外支出	(1.41)	(0.81)

表2-26(续)

项目＼时间	2009 年	2008 年
四、利润总额	155.00	103.99
减:所得税费用	(34.91)	(25.68)
五、净利润	120.09	78.31

数据来源:2010 年中国金融统计年鉴

三、政策性银行资产负债和利润统计分析

政策性银行指由政府控制(以创立、参股等),不以营利为目的,专门根据政府意图,直接或间接地从事政策性投融资活动,以贯彻国家政策为目的的政府专业性金融机构,它具有政策性和金融性双重属性。

1993 年颁布的《中共中央关于建立社会主义市场经济体制若干问题的决定》中明确规定:建立政策性银行,实行政策性业务与商业性业务分离。组建国家开发银行和进出口信贷银行,改组中国农业银行,承担严格界定的政策性业务。2008 年 12 月 16 日,国家开发银行改制为股份制商业银行。现有政策性银行是中国进出口银行和中国农业发展银行。

例:我国政策性银行中国农业发展银行的资产负债和利润数据见表 2-27 ~ 表 2-29。

表 2-27　　中国农业发展银行资产负债表(2009)　　单位:亿元

资产＼时间	2009 年	2008 年	负债及所有者权益＼时间	2009 年	2008 年
现金及银行存款	2.88	3.26	向中央银行借款	3 652.00	3 658.50
存放中央银行款项	797.18	647.44	同业及其他金融机构存放款项	1 683.45	1 198.33
存放同业款项	1 246.70	650.24	吸收存款	2 738.90	1 832.85
拆出资金	33.00	22.30	应付债券	8 210.57	6 597.50
发放贷款和垫款	14 365.28	12 069.02	应交税费	16.47	16.99
买入返售金融资产	0.00	36.05	其他负债	16.64	14.60
固定资产	99.54	99.05	负债合计	16 318.04	13 318.76
在建工程	6.48	4.25	实收资本(或股本)	200.00	200.00
其他资产	17.18	14.89	盈余公积	14.65	14.65
			未分配利润	35.54	13.07
			归属于母公司所有者权益合计	250.20	227.73
			所有者权益	250.20	227.73
资产总计	16 568.24	13 546.49	负债及所有者权益总计	16 568.24	13 546.49

数据来源:2010 年中国金融统计年鉴

表 2－28　　中国农业发展银行利润表(2009)　　单位:亿元

项目＼时间	2009 年	2008 年
一、营业收入	298.84	348.92
利息净收入	296.57	347.11
利息收入	689.44	703.78
利息支出	392.87	356.66
手续费及佣金净收入	1.30	1.22
手续费及佣金收入	2.52	2.20
手续费及佣金支出	1.22	0.98
投资收益		
其中:对联营企业和合营企业的投资收益		
公允价值变动收益		
其他收入	0.97	0.59
汇兑收益	0.45	0.39
其他业务收入	0.52	0.20
二、营业支出	266.08	321.82
营业税及附加	36.29	36.74
业务管理费	91.73	85.35
资产减值损失或呆账损失	135.76	197.82
其他业务成本	2.30	1.92
三、营业利润	32.77	27.10
加:营业外收入	1.48	1.33
减:营业外支出	2.80	2.33
四、利润总额	31.45	26.10
减:所得税费用	8.98	9.83
五、净利润	22.47	16.27

数据来源:2010 年中国金融统计年鉴

表 2－29　　中国农业发展银行分地区人民币存贷款余额　　单位:亿元

地区＼项目＼时间	2008 年		2009 年	
	存款余额	贷款余额	存款余额	贷款余额
营业部	56.64	620.54	137.07	502.04
北京	24.93	105.38	119.84	330.21
天津	25.22	80.37	75.43	90.17

表2-29(续)

地区 \ 项目 \ 时间	2008年		2009年	
	存款余额	贷款余额	存款余额	贷款余额
河北	188.97	455.02	247.34	567.38
山西	68.52	259.59	98.34	282.39
内蒙古	132.12	423.00	119.88	477.19
辽宁	159.74	714.52	146.39	674.63
吉林	104.44	857.13	69.49	858.75
黑龙江	89.79	850.27	292.87	856.80
上海	78.55	115.04	34.14	353.89
江苏	136.10	654.89	202.82	788.78
浙江	94.43	220.97	100.14	283.49
安徽	107.68	611.85	281.58	761.43
福建	179.07	180.05	93.79	238.85
江西	101.96	369.68	222.76	493.78
山东	154.31	678.04	250.57	841.77
河南	174.90	1 259.85	243.61	1 471.91
湖北	123.45	651.10	248.46	752.14
湖南	254.26	552.73	203.82	652.99
广东	85.51	196.61	133.95	302.53
广西	46.21	202.02	129.70	263.42
海南	8.17	32.69	29.21	48.50
四川	117.70	492.41	123.09	312.12
重庆	103.37	215.73	166.67	630.32
贵州	64.87	182.88	108.46	224.36
云南	102.63	228.11	125.81	328.64
陕西	73.49	298.98	116.99	332.68
甘肃	53.79	199.78	79.84	252.46
青海	14.05	54.04	59.77	81.15
宁夏	15.49	57.17	48.30	81.56
新疆	87.71	372.30	108.37	376.25
合计	3 028.07	12 192.77	4 418.50	14 512.58

数据来源:2010 年中国金融统计年鉴

例:我国银行业金融机构和从业人员情况数据(2009 年)见表2-30 和表2-31。

表 2－30　　银行业金融机构法人机构和从业人员情况表(2009)

(截至 2009 年年底)

机构名称	从业人员数(人)	法人机构数(个)
政策性银行	57 673	3
大型商业银行	1 506 424	5
股份制商业银行	197 657	12
城市商业银行	177 765	143
城市信用社	2 956	11
农村信用社	570 366	3 056
农村商业银行	66 317	43
农村合作银行	74 776	196
村镇银行	3 586	148
贷款公司	75	8
农村资金互助社	96	16
企业集团财务公司	5 276	91
信托公司	5 464	58
金融租赁公司	852	12
汽车金融公司	1 620	10
货币经纪公司	173	2
邮政储蓄银行	132 536	1
资产管理公司	8 589	4
外资金融机构	32 502	37
银行业金融机构合计	2 844 703	3 857

数据来源:2010 年中国金融统计年鉴

表 2－31　　金融机构人员和机构情况表(2009)

单位	人员总数(人)		机构总数(个)	
	2008 年	2009 年	2008 年	2009 年
中国人民银行	135 046	134 557	2 176	2 177
中国外汇管理局	440	450	859	859
中国银监会	23 345	23 345	2 074	2 074
中国证监会	2 512	2 621	36	36
中国保监会	2 012	2 550	35	35
国家开发银行	6 221	6 711	38	38

表2-31(续)

单位	人员总数(人)		机构总数(个)	
	2008 年	2009 年	2008 年	2009 年
中国进口银行	1 255	1 503	18	21
中国农业发展银行	49 294	49 717	2 151	2 159
中国工商银行	385 609	389 827	16 386	16 394
中国农业银行	441 883	440 830	24 064	21 624
中国银行	249 278	262 566	10 789	10 961
中国建设银行	300 296	301 537	13 426	13 384
交通银行	77 734	79 122	2 636	2 648
中国邮政储蓄银行	116 759	137 736	36 508	36 869
中信银行	21 385	24 180	544	615
中国民生银行	19 853	22 064	374	434
华夏银行	11 109	12 301	313	349
中国光大银行	16 987	19 217	426	482
招商银行	36 916	40 340	674	745
广东发展银行	14 191	14 522	511	522
深圳发展银行	10 381	11 308	282	302
兴业银行	19 536	22 004	441	503
上海浦东发展银行	17 695	21 877	491	565
恒丰银行	2 006	2 372	87	94
浙商银行	2 140	2 187	31	46
渤海银行	1 511	2 296	21	39

数据来源:2010 年中国金融统计年鉴

例:我国银行业金融机构总资产负债和利润数据(2005—2009 年)见表 2-32～表 2-34。

表 2-32　　银行业金融机构总资产情况表　　单位:亿元

项目 年份 机构	2005 年	2006 年	2007 年	2008 年	2009 年
银行业金融机构	374 696.90	439 499.70	525 982.50	623 876.27	787 690.54
政策性银行	29 283.20	34 732.30	42 781.00	56 453.91	69 456.14
大型商业银行	210 050.00	242 363.50	280 070.90	318 358.02	400 890.15
股份制商业银行	44 654.90	54 445.90	72 494.00	88 091.52	117 849.76
城市商业银行	20 366.90	25 937.90	33 404.80	41 319.66	56 800.06

表2-32(续)

项目 \ 年份 / 机构	2005年	2006年	2007年	2008年	2009年
农村商业银行	3 028.90	5 038.10	6 096.70	9 290.50	18 661.18
农村合作银行	2 750.40	4 653.60	6 459.80	10 033.29	12 791.23
城市信用社	2 032.70	1 830.70	1 311.70	803.73	271.88
农村信用社	31 426.70	34 502.80	43 434.40	52 112.60	54 924.95
非银行金融机构	10 161.90	10 594.10	9 717.00	11 802.33	15 507.79
邮政储蓄银行	13 786.80	16 122.00	17 687.50	22 162.94	27 045.12
外资银行	7 154.50	9 278.70	12 524.70	13 447.77	13 492.29

数据来源:2010年中国金融统计年鉴

表2-33　　银行业金融机构总负债情况表　　单位:亿元

项目 \ 年份 / 机构	2005年	2006年	2007年	2008年	2009年
银行业金融机构	358 070.40	417 105.90	495 675.40	586 041.91	743 348.64
政策性银行	27 760.10	33 006.20	39 203.30	52 648.30	65 393.08
大型商业银行	200 452.90	228 823.70	264 330.00	298 783.63	379 025.58
股份制商业银行	43 320.00	52 542.00	69 107.50	83 683.24	112 215.28
城市商业银行	19 540.20	24 722.60	31 521.40	38 650.94	53 212.99
农村商业银行	2 873.30	4 789.10	5 767.00	8 756.39	17 545.73
农村合作银行	2 573.70	4 358.70	6 049.80	9 380.61	11 940.29
城市信用社	2 001.10	1 780.70	1 247.50	756.83	254.61
农村信用社	30 106.40	33 005.40	41 567.00	49 893.06	52 580.55
非银行金融机构	9 126.00	9 423.90	7 961.00	9 491.83	12 648.69
邮政储蓄银行	13 786.80	16 122.00	17 567.90	21 941.94	26 713.39
外资银行	6 530.10	8 531.60	11 353.00	12 028.06	11 818.46

数据来源:2010年中国金融统计年鉴

表2-34　　银行业金融机构税后利润情况表　　单位:亿元

项目 \ 年份 / 机构	2008年	2009年
银行业金融机构	5 833.6	6 684.2
政策性银行	229.8	352.5

表2-34(续)

项目 年份 机构	2008 年	2009 年
大型商业银行	3 542.2	4 001.2
股份制商业银行	841.4	925
城市商业银行	407.9	496.5
农村商业银行	73.2	149
农村合作银行	103.6	134.9
城市信用社	6.2	1.9
农村信用社	219.1	227.9
非银行金融机构	284.5	298.7
邮政储蓄银行	6.5	32.2
外资银行	119.2	64.5

数据来源:2010 年中国金融统计年鉴

第三章　保险统计分析

第一节　保险统计概述

SNA2008 中指出：保险是金融机构进行财富调节或收入再分配的形式之一（另外还有养老金和标准化担保计划等）。保险公司可以是法人公司、共同公司和其他形式的实体，其主要功能是向个体机构单位或团体单位提供人寿、意外事故、健康、火灾或其他险种的保险服务，或向其他保险公司提供再保险服务。

保险最常见的两种形式：直接保险和再保险。直接保险是指保险公司向另一类型的机构单位签发保单；再保险是指一家保险公司向另一家保险公司签发保单。直接保险有两种：人寿保险和非人寿保险。

人寿保险是指投保人向保险人作规律性支付，作为回报，保险人保证在或早于（如果投保人提前死亡）一特定日期给予投保人（有些情况下是指定的另一人）一项既定的金额或一项年金。换句话说，投保人在较长年限内向保险公司多次缴纳小额保费，承保人（保险公司）承诺在未来以一次趸付的形式，或可以在预先约定的时间分期支付的形式对投保人进行支付。可见，人寿保单是一种储蓄计划。赔付是确定的，保险金的数额是不确定的，与所付保费或保险公司运用这些资金进行投资的结果有关。

非人寿保险与人寿保险类似，但其范围涵盖投保人所有其他的风险、意外、疾病和火灾等。投保人向保险公司支付保费，保险公司接受并留存客户的保费，只到保险事故发生时投保人获得赔付，或保险到期。赔付的保险金数额是确定的，但是否赔付是不确定的。

再保险是指两家保险公司之间的保险，主要是保险公司为了控制风险。再保险人可能进一步购买再保险保单，这称为“分保”。再保险保单最普遍适用于非人寿保险，但也可适用于人寿保险。再保险有两种形式：比例再保险和超额赔款再保险。

比例再保险是指原保险人与再保险人之间订立再保险合同，按照保险金额，约定比例，分担责任。在比例再保险协议下，再保险人接受一定比例的风险；这一比例的保费将“让与”再保险人，而后者将承担相同比例的赔付。

超额赔款再保险指原保险人与再保险人协商议定一个由原保险人赔付保险金的额度，在超额赔款再保险下，再保险人承担超过一定界限的全部损失。如果没有超过一定界限的赔付（或很少），再保险人会将其收益的一部分让给直接保险人。

中国保监会将保险业机构划分为：财产险公司、人身险公司、再保险公司、信用保险公司、集团公司和保险资产管理公司。

例:全国保险业业务综合统计数据(2007—2009 年)见表 3 - 1。

表 3 - 1　　全国保险业业务综合统计数据(2007—2009 年)

项目		2007	2008	2009
全国	保费收入(亿元)	7 035.76	9 784.10	11 137.30
	同比增长(%)	25.00	39.06	13.83
	赔款和给付支出(亿元)	2 265.21	2 971.17	3 125.48
	同比增长(%)	57.56	31.16	5.19
财产险	保费收入(亿元)	1 997.74	2 336.71	2 875.83
	同比增长(%)	32.60	16.97	23.07
	赔款金额(亿元)	1 020.47	1 418.33	1 575.78
	同比增长(%)	28.26	38.99	1.11
寿险	保费收入(亿元)	4 463.75	6 658.37	7 457.44
	同比增长(%)	24.52	49.17	12.00
	给付金额(亿元)	1 064.45	1 314.98	1 268.74
	同比增长(%)	128.74	23.54	-3.52
健康险	保费收入(亿元)	384.17	585.46	573.98
	同比增长(%)	2.39	52.40	-1.98
	赔款和给付支出(亿元)	116.86	175.28	217.03
	同比增长(%)	-6.54	49.99	23.82
意外险	保费收入(亿元)	190.11	203.56	230.25
	同比增长(%)	17.43	7.08	13.01
	赔款金额(亿元)	63.43	62.58	63.92
	同比增长(%)	22.84	-1.35	2.16

数据来源:2010 年中国金融统计年鉴

例:全国保费收入及结构数据(2000—2009 年)见表 3 - 2。

表 3 - 2　　全国保费收入及结构数据(2000—2009 年)

年份	保费收入		寿险		非寿险	
	绝对值(亿元)	增长率(%)	绝对值(亿元)	增长率(%)	绝对值(亿元)	增长率(%)
2000	1 609.0	11.40	1 003.0	13.30	606.0	8.38
2001	2 115.9	31.50	1 424.8	42.10	691.1	14.00
2002	3 048.3	44.10	2 275.1	59.70	773.2	11.90

表3－2(续)

年份	保费收入		寿险		非寿险	
	绝对值（亿元）	增长率（%）	绝对值（亿元）	增长率（%）	绝对值（亿元）	增长率（%）
2003	3 848.8	26.30	2 983.2	31.10	865.6	12.00
2004	4 323.0	12.30	3 198.2	7.20	1 124.8	30.00
2005	4 928.4	14.00	3 644.9	14.00	1 283.1	14.10
2006	5 640.2	14.40	4 059.1	11.30	1 581.1	23.20
2007	7 033.4	25.00	4 946.5	21.90	2 086.6	32.00
2008	9 789.1	39.23	6 663.3	49.36	3 125.8	21.65
2009	11 137.3	13.83	7 457.4	12.00	3 679.9	17.72

数据来源:2010 年中国金融统计年鉴

数据分析:全国保费收入、寿险与非寿险的绝对值都呈增长的趋势。保费收入从2000 年的 1 609.0 亿元,增长到 2009 年的 11 137.3 亿元。其中,寿险从 2000 年的1 003.0亿元增长到2009 年的7 457.4 亿元;非寿险从2000 年的606.0 亿元增长到2009年的3 679.9 亿元。从保费收入、寿险与非寿险的增长率来看,保费收入的增长,主要是寿险的增长较快。其变化趋势如图 3－1 至图 3－5 所示。

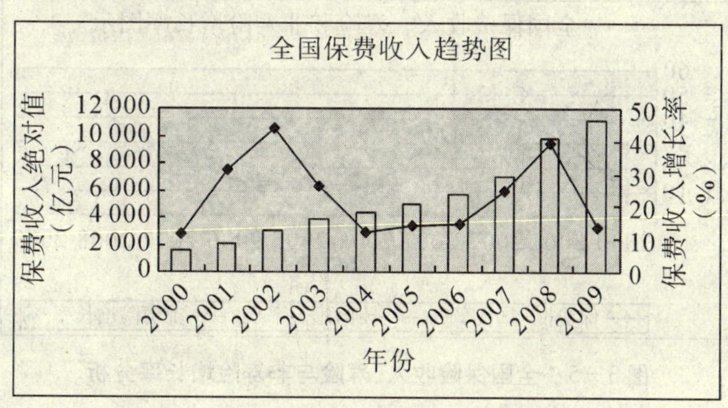

图 3－1 全国保费收入趋势分析

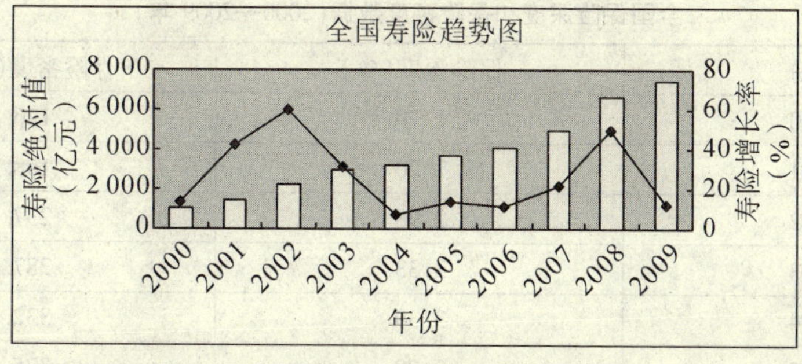

图 3－2 全国寿险趋势分析

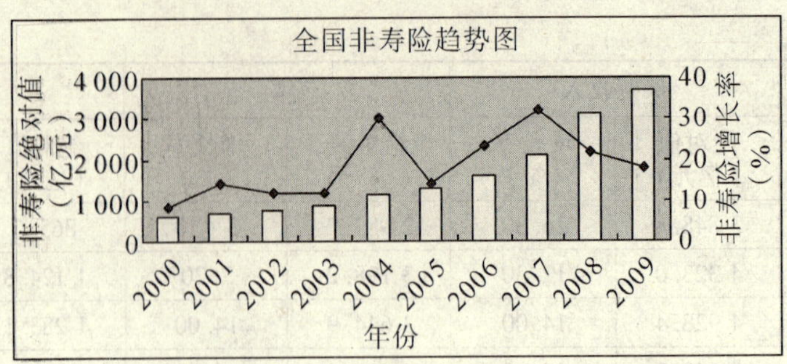

图 3-3　全国非寿险趋势分析

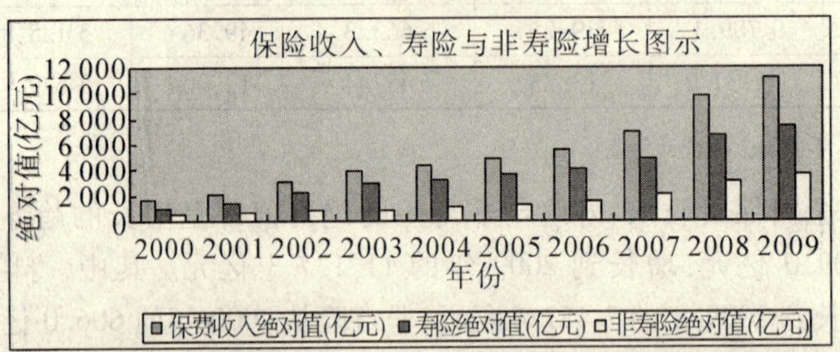

图 3-4　保险收入、寿险与非寿险增长分析

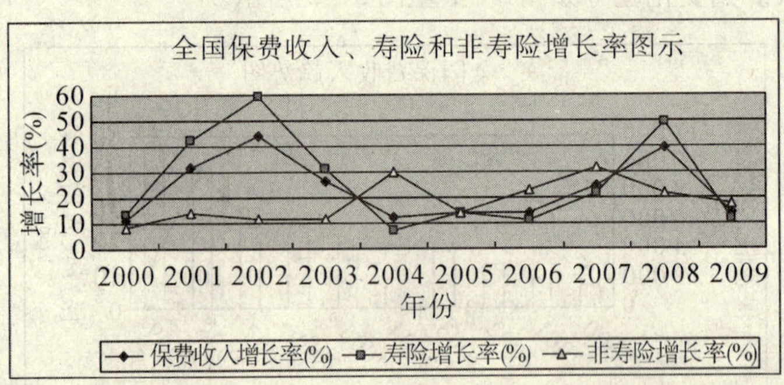

图 3-5　全国保险收入、寿险与非寿险增长率分析

例：全国保险深度和保险密度数据（2000—2009 年）见表 3-3。

表 3-3　　全国保险深度和保险密度数据（2000—2009 年）

年份	保险深度（%）	保险密度（元/人）
2000	1.79	126.21
2001	2.20	168.98
2002	2.98	237.64
2003	3.33	287.44
2004	3.39	332.16
2005	2.70	375.64
2006	2.80	431.30

表3-3(续)

年份	保险深度(%)	保险密度(元/人)
2007	2.95	532.42
2008	3.25	740.66
2009	3.27	834.42

数据来源:2010 年中国金融统计年鉴

保险深度:指保费收入占国内生产总值(国民生产总值)比例。反映了保险业在整个国民经济中的地位。保险深度取决于一国经济总体发展水平和保险业的发展速度。计算公式为:

$$保险深度=\frac{保费收入}{国内生产总值(国民生产总值)}$$

保险密度:指按人口计算的人均保险费额。反映了国民参加保险的程度,或保险业务的覆盖程度。保险密度取决于一国国民经济和保险业的发展水平。计算公式为:

$$保险密度=\frac{保费收入}{国民人数}$$

数据分析:根据相关分析,保费收入与保险密度有着高度的相关性见表 3-4。因此,随着保费收入的提高,保险密度和保险深度在这十年也有较大幅度的提高。2000 年保险密度为 126.21 元/人,保险深度为 1.79%;2009 年保险密度为 834.42 元/人,保险深度为 3.27%。其变化趋势如图 3-6 至图 3-7 所示。

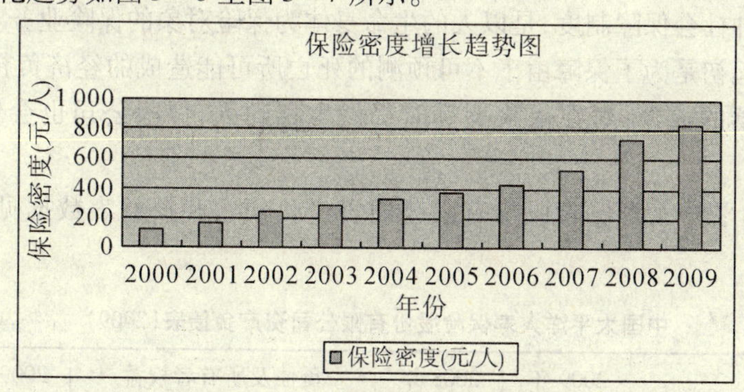

图 3-6 保险密度增长趋势分析

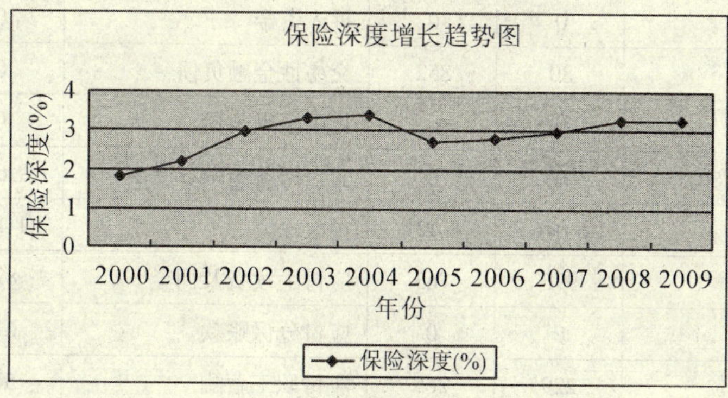

图 3-7 保险深度增长趋势分析

表 3-4　保费收入、保险密度和保险深度的相关性分析

		保费收入（亿元）	保险密度（元/人）	保险深度（%）
保费收入（亿元）	Pearson 相关性 显著性（双侧） N	1 10	1.000″ 0.000 10	0.802 0.065 10
保险密度（元/人）	Pearson 相关性 显著性（双侧） N	1.000″ 0.000 10	1 10	0.800 0.067 10
保险深度（元/人）	Pearson 相关性 显著性（双侧） N	0.602 0.065 10	0.600 0.067 10	1 10

第二节　基本保险统计分析

一、人寿保险统计分析

人寿保险是指被保险人将其生存或者死亡的风险转嫁给保险人，接受保险人的条款并支付保险费。当被保险人的生命发生了保险事故时，由保险人支付保险金的一种人身保险。它是一种社会保障制度，是以人的生命身体为保险对象的保险业务。

人寿保险起初是为了保障由于不可预测的死亡所可能造成的经济负担。后来，人寿保险引进了储蓄的成分，对在保险期满时仍然生存的人，保险公司也会给付约定的保险金。

例：中国太平洋人寿保险股份有限公司资产负债表和损益表数据见表 3-5 和表 3-6：

表 3-5　中国太平洋人寿保险股份有限公司资产负债表（2009）　单位：百万元

资产	2009 年	2008 年	负债及所有者权益	2009 年	2008 年
货币资金	5 683	12 000	短期借款	0	0
拆出资金	0	0	拆入资金	0	0
交易型金融资产	80	852	交易性金融负债	0	0
衍生金融资产	0	0	衍生金融负债	0	0
买入返售金融资产	0	0	卖出回购金融资产款	9 600	6 980
应收利息	6 046	4 421	预收保费	1 153	1 337
应收保费	976	763	应付手续费及佣金	822	572
应收代位追偿款	0	0	应付分保账款	614	592
应收分保账款	229	265	应付职工薪酬	576	390

表3－5(续)

资产	2009 年	2008 年	负债及所有者权益	2009 年	2008 年
应收分保未到期责任准备金	226	243	应交税费	(53)	(742)
应收分保未决赔款准备金	136	143	应付利息	6	0
应收分保寿险责任准备金	669	153	应付赔付款	1 440	1 090
应收分保长期健康险责任准备金	3 035	2 241	应付保单红利	5 113	4 120
保户质押贷款	1 352	698	保户储金及投资款	52 101	50 348
定期存款	75 122	71 418	未到期责任准备金	1 229	1 051
可供出售金融资产	100 887	82 985	未决赔款准备金	470	482
持有至到期投资	90 592	64 091	寿险责任准备金	201 249	164 459
归入贷款及应收款的投资	19 187	13 081	长期健康险责任准备金	7 561	6 000
长期股权投资	622	102	长期借款	0	0
存出资本保证金	1 020	1 020	应付次级债	2 263	2 188
投资性房地产	0	0	独立账户负债	0	0
固定资产	2 123	1 840	递延所得税负债	0	0
在建工程	645	363	其他负债	817	605
无形资产	216	206	负债合计	284 961	239 472
独立账户资产	0	0	实收资本(或股本)	5 100	5 100
递延所得税资产	133	1 910	资本公积	13 859	11 606
其他资产	662	737	减:库存股	0	0
			盈余公积	1 262	719
			一般风险准备	1 262	719
			未分配利润	3 197	1 916
			所有者权益合计	24 680	20 060
资产总计	309 641	259 532	负债及所有者权益合计	309 641	259 532

数据来源:2010 年中国金融统计年鉴

表 3－6　　中国太平洋人寿保险股份有限公司损益表(2009)　　单位:百万元

项目	2009 年	2008 年
一、营业收入	76 666	59 982
已赚保费	59 058	45 761

表3－6(续)

项目	2009年	2008年
保险业务收入	61 998	47 828
其中:分保费收入	0	0
减:分出保费	(2 744)	(2 023)
提取未到期责任准备金	(196)	(44)
投资收益	16 932	13 775
其中:对联营企业和合营企业的投资收益	4	0
公允价值变动收益	115	(722)
汇兑收益	(1)	(36)
其他业务收入	562	1 204
二、营业支出	(69 817)	(56 698)
退保金	(4 386)	(3 974)
赔付支出	(12 717)	(15 449)
减:摊回赔付支出	476	399
提取保险责任准备金	(38 358)	(20 108)
减:摊回保险责任准备金	1 304	606
保单红利支出	(2 053)	(2 569)
分保费用	0	0
营业税金及附加	(381)	(114)
手续费及佣金支出	(5 633)	(4 080)
业务及管理费	(6 308)	(5 382)
减:摊回分保费用	918	687
其他业务成本	(2 556)	(3 233)
资产减值损失	(123)	(3 481)
三、营业利润	6 849	3 284
加:营业外收入	33	306
减:营业外支出	(27)	(32)
四、利润总额	6 855	3 558
减:所得税费用	(14 278)	472
五、净利润	5 427	4 030

数据来源:2010年中国金融统计年鉴

数据分析：

1. 业务发展类指标

(1)原/分保费收入增长率

原/分保费收入增长率 =(报告期原/分保费收入 - 基期原/分保费收入)÷基期原/分保费收入 ×100%

解释:原/分保费收入增长率是指报告期原/分保费收入相对于基期的增长额与基期原/分保费收入的比率。

(2)资产增量保费比

资产增量保费比 =(期末总资产 - 期初总资产)÷报告期保险业务收入 ×100%

其中:保险业务收入 = 原保费收入 + 分保费收入

解释:资产增量保费比是指报告期内总资产增量与保险业务收入的比率,反映报告期内保险业务收入变化对总资产变化的影响程度。

2. 成本费用类指标

(1)综合赔付率

综合赔付率 =(赔付支出 - 摊回赔付支出 + 提取未决赔款准备金 - 摊回未决赔款准备金)÷已赚保费 ×100%

其中:已赚保费 = 原保费收入 + 分保费收入 - 分出保费 - 提取未到期责任准备金

解释:综合赔付率是指分保够的综合赔付支出与已赚保费的比率,常用于短期险。

(2)综合费用率

综合费用率 =(业务及管理费 + 手续费及佣金 + 分保费用 + 保险业务营业税金及附加 - 摊回分保费用)÷已赚保费 ×100%

解释:综合费用率是指综合费用支出与已赚保费的比率。

(3)综合成本率

综合成本率 =(赔付支出 - 摊回赔付支出 + 提取未决赔款准备金 - 摊回未决赔款准备金 + 业务及管理费 + 手续费及佣金 + 分保费用 + 保险业务营业税金及附加 - 摊回分保费用)÷已赚保费 ×100%

解释:综合成本率是指分保后的综合赔付支出和综合费用支出和与已赚保费的比率,常用于短期险。

(4)保费费用率

保费费用率 = 业务及管理费 ÷原/分保费收入 ×100%

解释:保费费用率是指业务及管理费与原/分保费收入的比率。

(5)手续费及佣金比率

手续费及佣金比率 = 手续费及佣金 ÷原/分保费收入 ×100%

解释:手续费及佣金比率是指手续费与佣金与原/分保费收入的比率。

(6)分保费用比率

分保费用比率 = 分保费用 ÷分保费收入 ×100%

解释:分保费用比率是指分保费用与保费收入的比率。

(7)退保费

退保率＝报告期退保金÷(期初长期险责任准备金＋报告期长期险原/分保费收入)×100%

其中:初期长期险责任准备金＝期初寿险责任准备金＋期初长期健康险责任准金

解释:退保率是指报告期退保金支出与期初长期险责任准备金余额和报告期长期险原/分保费收入之和的比率。

(8)未决赔款准备金与赔款支出比

未决赔款准备金与赔款支出比＝(提取未决赔款准备金－摊回未决赔款准备金)÷(赔付支出－摊回赔付支出)×100%

解释:未决赔款准备金与赔款支出比是指报告期内分包后的未决赔款准备金与分包后赔付支出的比率,常用于短期险。

(9)已付赔款赔付率

已付赔款赔付率(业务年度)＝业务年度已付赔款÷业务年度已赚保费×100%

解释:已付赔款赔付率(业务年度)是指业务年度已付赔款与业务年度已赚保费的比率。

(10)已报告赔款付款率(业务年度)

已报告赔款付款率(业务年度)＝(业务年度已决赔款＋业务年度已发生已报告未决赔款准备金)÷业务年度已赚保费×100%

解释:已报告赔款赔付率(业务年度)是指业务年度已报告赔款与业务年度已赚保费的比率,业务年度已报告赔款包括业务年度已决赔款和业务年度已发生已报告未决赔款准备金。

(11)业务年度赔付率

业务年度赔付率＝(业务年度已决赔款＋业务年度已发生已报告未决赔款准备金＋业务年度已发生未报告未决赔款准备金)÷业务年度已赚保费×100%

解释:业务年度赔付率是指业务年度所有发生赔款与业务年度已赚保费的比率,业务年度所有发生赔款包括业务年度已决赔款、业务年度已发生已报告未决赔款准备金和业务年度已发生未报告未决赔款准备金。

3. 资金运用类指标

(1)投资类资产占比

投资类资产占比＝投资类资产÷总资产×100%

其中:投资类资产＝交易性金融资产＋衍生金融资产＋买入返售金融资产＋定期存款＋可供出售金融资产＋持有至到期投资＋长期股权投资＋投资性房地产＋拆出资金＋贷款

解释:投资类资产占比是指保险公司为获取投资性收益而持有的资产占总资产的比重。

(2)财务收益率

财务收益率 =(投资收益 + 公允价值变动收益 − 投资类资产的资产减值损失) ÷ 投资类资产平均资金占用 ×100%

其中:投资类资产的资产减值损失是指可供出售金融资产、持有至到期投资、产期股权投资、投资性房地产和贷款产生的资产减值损失。投资类资产平均资金占用是指报告期内投资类资产占用的保险资金的算术平均余额,可选用月或日计算算术平均余额。

解释:财务收益率是指保险公司投资类资产在报告期内产生的财务口径收益与投资类资产平均资金占用的比率。

(3)综合收益率

综合收益率 =(投资收益 + 公允价值变动收益 + 可供出售类金融资产的公允价值变动额 − 投资类资产的资产减值损失) ÷ 投资类资产平均资金占用 ×100%

解释:综合收益率是指保险公司投资类资产在报告期内产生的总收益与投资类资产平均资金占用的比率。

(4)运营类资产占比

运营类资产占比 = 运营类资产 ÷ 总资产 ×100%

其中:运营类资产 = 货币资金 + 应收利息 + 应收保费 + 应收管理费(养老) + 应收资产管理费 + 应收代位追偿款 + 应收分保账款 + 应收分保未到期责任准备金 + 应收分保未决赔款准备金 + 应收分保寿险责任准备金 + 应收分保长期健康险责任准备金 + 保户质押贷款 + 存出保证金 + 存出资本保证金 + 固定资产 + 无形资产 + 递延所得税资产 + 系统往来(借项) + 内部往来(借项) + 其他资产

解释:运营类资产占比是指保险公司为维持正常运营而持有的资产占总资产的比重。

4. 盈利能力类指标

(1)净资产收益率

净资产收益率 = 报告期净利润 ÷ [(期初所有者权益 + 期末所有者权益) ÷ 2] ×100%

解释:净资产收益率是指报告期净利润与所有者权益平均余额的比率。

(2)总资产收益率

总资产收益率 = 报告期净利润 ÷ [(期初总资产 + 期末总资产) ÷ 2] ×100%

解释:总资产收益率是指报告期净利润与总资产平均余额的比率。

(3)总资产周转率

总资产周转率 = 报告期营业收入 ÷ [(期初总资产 + 期末总资产) ÷ 2] ×100%

其中:营业收入 = 已赚保费 + 投资收益 + 公允价值变动收益 + 汇兑收益 + 其他业务收入

解释:总资产周转率是指营业收入与总资产平均余额的比率。

(4)应收保费周转率

应收保费周转率 = 报告期原保费收入 ÷ [(期初应收保费 + 期末应收保费) ÷

2]×100%

解释:应收保费周转率是指报告期内原保费收入与应收保费平均余额的比率,反映应收保费在报告期内的周转次数。

(5)总资产增长率

总资产增长率=(期末总资产-期初总资产)÷期初总资产×100%

解释:总资产增长率是指报告期间所有者权益增长额与期初所有者权益的比率。

(6)净资产增长率

净资产增长率=(期末所有者权益-期初所有者权益)÷期初所有者权益×100%

解释:净资产增长率是指报告期间所有者权益增长额与期初所有者权益的比率。

(7)承保利润率

承保利润率=承保利润÷已赚保费×100%

承保利润=已赚保费-赔付支出+摊回赔付支出-提取保险责任准备金+摊回保险责任准备金-分保费用+摊回分保费用-手续费及佣金-业务及管理费-保险业务营业税金及附加

解释:承保利润率是指承保利润与已赚保费的比率,反映美元已赚保费所带来的承保利润,常用于短期险。

5. 风险类管理指标

(1)自留保费占净资产比

自留保费占净资产比=报告期自留保费÷[(期初所有者权益+期末所有者权益)÷2]×100%

解释:自留保费占净资产比是指报告期自留保费与所有者权益平均余额的比率。

(2)自留比率

自留比率=自留保费÷保险业务收入×100%

其中:自留保费=原保费收入+分保费收入-分出保费,保险业务收入=原保费收入+分保费收入

解释:自留比率是指自留保费占保险业务收入的比重。

(3)未决赔款准备金对净资产比率

未决赔款准备金对净资产比率=未决赔款准备金÷所有者权益

解释:未决赔款准备金对净资产比率是指未决赔款准备金与所有者权益的比率。

(4)保险负债占比

保险负债占比=保险负债÷负债与所有者权益合计×100%

其中:保险负责=存入保证金+预收保费+保险保障基金+未到期责任准备金+寿险责任准备金+长期健康险责任准备金+应付赔付款+应付保单红利+未决赔款准备金+应付分保账款+保户储金及投资款+卫星发射保险基金

解释:保险负债占比是指保险公司对保单持有人的负债占负债与所有者权益合计的比重。

(5)实际资本变化率

实际资本变化率 =（期末实际资本 - 期初实际资本）÷ 期初实际资本 ×100%

解释:实际资本变化率是指报告期间实际资本变化额与期初实际资本的比率。

（6）保险业务收入规模率

保险业务收入规模率 =（原保费收入 + 分保费收入）÷ 实际资本 ×100%

解释:保险业务收入规模率是指保险业务收入与实际资本的比率。

二、财产保险统计分析

财产保险是指投保人根据合同约定,向保险人交付保险费,保险人按保险合同的约定对所承保的财产及其有关利益因自然灾害或意外事故造成的损失承担赔偿责任的保险。财产保险,包括财产保险、农业保险、责任保险、保证保险、信用保险等以财产或利益为保险标的的各种保险。

财产保险最早起源于中世纪意大利的海上保险,其海事法规中已包含了规章性条款。16 世纪以后,西欧国家迅速发展;到 17 世纪,海上贸易中心转移到英国,伦敦成为世界最主要的海上保险市场。1666 年 9 月 2 日伦敦发生了历史上最严重的火灾,使得房屋的火灾保险在第二年就出现了。此后,承保范围逐步扩大到陆上财产的几乎一切自然灾害和意外事故风险,保险标的从房屋到任何有形财产,最后发展到许多无形财产,以至因财产而产生的利益也可以承保。

例:中国太平洋财产保险股份有限公司资产负债表和损益表数据见表 3 - 7 和表 3 - 8,试进行数据分析。

表 3 - 7　　中国太平洋财产保险股份有限公司资产负债表（2009）　　单位:百万元

资产	2009 年	2008 年	负债及所有者权益	2009 年	2008 年
货币资金	2 828	2 720	短期借款	0	0
拆出资金	0	0	拆入资金	0	0
交易性金融资产	207	265	交易性金融负债	0	0
衍生金融资产	0	0	衍生金融负债	0	0
买入返售金融资产	0	0	卖出回购金融资产款	50	40
应收利息	480	391	预收保费	3 116	1 451
应收保费	1 247	1 503	应付手续费及佣金	340	256
应收代位追偿款	0	0	应付分保账款	1 638	1 651
应收分保账款	1 441	1 789	应付职工薪酬	554	444
应收分保未到期责任准备金	3 414	2 108	应交税费	581	246
应收分保未决赔款准备金	2 700	2 920	应付赔付款	462	407
应收分保寿险责任准备金	0	0	应付保单红利	0	0
应收分保长期健康险责任准备金	0	0	保户储金及投资款	78	567
保护质押贷款	0	0	未到期责任准备金	14 617	12 090

表3－7(续)

资产	2009年	2008年	负债及所有者权益	2009年	2008年
定期存款	4 715	4 703	未决赔款准备金	10 939	10 068
可供出售金融资产	11 477	8 346	寿险责任准备金	0	0
持有至到期投资	12 442	6 138	长期健康险责任准备金	0	0
归入贷款及应收款的投资	1 826	1 584	长期借款	0	0
长期股权投资	36	37	独立账户负债	0	0
存出资本保证金	818	818	递延所得税负债	194	28
投资性房地产	0	0	其他负债	647	809
固定资产	1 844	1 824	负债合计	33 126	28 057
在建工程	190	149	实收资本(或股份)	5 444	4 088
无形资产	132	131	资本公积	3 428	1 959
独立账户资产	0	0	减:库存股	0	0
递延所得税资产	0	0	盈余公积	735	592
其他资产	545	836	一般风险准备	460	318
			未分配利润	2 059	1 248
			所有者权益合计	12 126	8 205
资产总计	45 342	36 262	负债及所有者权益总计	45 342	36 262

数据来源:2010年中国金融统计年鉴

表3－8　　中国太平洋保险股份有限公司损益表(2009)　　单位:百万元

项目	2009年	2008年
一、营业收入	26 352	21 850
已赚保费	24 910	20 356
保险业务收入	34 289	27 875
其中:分保费收入	62	58
减:分出保费	(7 157)	(6 505)
提取未到期责任金	(2 222)	(1 014)
投资收益	1 352	1 537
其中:对联营企业和合营企业的投资收益	(1)	0
公允价值变动收	27	(23)
汇兑收益	(12)	(88)
其他业务收入	76	68
二、营业支出	(24 444)	(21 340)

表3-8(续)

项目	2009 年	2008 年
退保金	0	0
赔付支出	(17 753)	(15 936)
减:摊回赔付支出	3 642	4 082
提取保险责任准备金	(871)	(1 438)
减:摊回保险责任准备金	(220)	(88)
保单红利支出	0	0
分保费用	(15)	(13)
营业税金及附加	(1 856)	(1 524)
手续费及佣金支出	(3 194)	(2 508)
业务及管理费	(6 554)	(5 740)
减:摊回分保费用	2 458	2 231
其他业务成本	(37)	(188)
资产减值损失	(44)	(349)
三、营业利润	1 908	510
加:营业外收入	37	15
减:营业外支出	(81)	(23)
四、利润总额	1 864	502
减:所得税费用	(441)	35
五、净利润	1 422	537

数据来源:2010 年中国金融统计年鉴

三、再保险统计分析

再保险业务最早产生于欧洲。随着海上贸易的发展,1370 年 7 月,世界上第一份再保险合同在意大利热那亚签订。直到 1688 年劳合社建立,这期间再保险业务基本上仅限于海上保险。1666 年 9 月 2 日著名的伦敦大火,使得保险业也产生了巨灾损失保障的需求。17、18 世纪,随着商品经济和世界贸易的发展,为国际再保险市场的发展创造了条件。19 世纪中叶,在德国、瑞士、英国、美国、法国等国家相继成立了再保险公司,办理水险、航空险、火险、建筑工程险以及责任保险的再保险业务,形成了庞大的国际再保险市场。第二次世界大战以后,发展中国家的民族保险业随着国家的独立而蓬勃发展,使国际再保险业进入了一个新的历史时期。20 世纪末,世界各国的保险公司,作为一个独立的经济部门,无论规模大小都要将其所承担的风险责任依据大数法则及保险经营财务稳定性的需要,在整个同业中分散风险,再保险已成为保险总体中不可缺少的组成部分。

再保险的基础是原保险,再保险的产生,正是基于原保险人经营中分散风险的需要。

因此,原保险和再保险是相辅相成的,它们都是对风险的承担与分散。再保险是保险的进一步延续,也是保险业务的组成部分。

例:中国再保险(集团)股份有限公司资产负债表和损益表数据见表3-9和表3-10,试进行数据分析。

表3-9　中国再保险(集团)股份有限公司资产负债表(2009)　单位:百万元

资产	余额	负债及所有者权益	余额
货币资金	5 649.61	短期借款	
拆出资金		拆入资金	
交易性金融资金	4 238.59	交易性金融负债	
衍生金融资金		衍生金融负债	
买入返售金融资产	289.40	卖出回购金融资产款	100.00
应收利息	933.69	预售保费	738.02
应收保费	239.30	应付手续费及佣金	47.17
应收代位追偿款		应付分保账款	6 192.91
应收分保账款	13 901.28	应付职工薪酬	464.45
应收分保未到期责任准备金	224.21	应交税费	111.00
应收分保未决赔款准备金	659.60	应付赔付款	256.98
应收分保寿险责任准备金		应付保单红利	
应收分保长期健康险责任准备金		保户储金及投资款	2 458.47
保护质押贷款		未到期责任准备金	11 367.15
定期存款	6 200.66	未决赔款准备金	20 843.93
可供出售金融资产	35 047.54	寿险责任准备金	9 304.48
持有至到期投资	3 892.59	长期健康险责任准备金	2 735.27
长期股权投资	3 595.51	长期借款	
存出资本保证金	10 409.42	应付债款	
投资性房地产	566.66	独立账户负债	
固定资产	1 650.12	递延所有税负债	407.53
无形资产	345.30	其他负债	997.99
独立账户资产		负债合计	56 025.35
递延所得税资产	563.44	实收资本(或股本)	36 407.61
其他资产	6 030.67	资本公积	2 134.82

表3－9(续)

资产	余额	负债及所有者权益	余额
		减库存股	
		盈余公积	27 069.00
		一般风险准备	270.69
		未分配利润	－670.57
		所有者权益合计	38 413.24
资产总计	94 438.59	负债及所有者权益总计	94 438.59

数据来源:2010年中国金融统计年鉴

表3－10 中国再保险(集团)股份有限公司损益表(2009) 单位:百万元

项目	金额
一、营业收入	39 218.96
已赚保费	34 408.15
保险业务收入	35 588.32
其中:分保费收入	25 335.90
减:分出保费	1 011.16
提取未到期责任准备金	169.01
投资收益	2 739.17
其中:对联营企业和合营企业的投资收益	0.00
公允价值变动收益	1 727.80
汇兑收益	22.61
其他业务收入	321.23
二、营业支出	33 910.62
退保金	570.91
赔付支出	18 605.98
减:摊回赔付支出	540.25
提取保险责任准备金	4 496.22
减:摊回保险责任准备金	－171.42
保单红利支出	0.00
分保费用	6 391.10
营业税金及附加	596.13
手续费及佣金支出	1 054.06
业务及管理费	2 625.93
减:摊回分保费用	217.57
其他业务成本	160.07

表3－10(续)

项目	金额
资产减值损失	－3.38
三、营业利润	5 308.34
加:营业外收入	23.04
减:营业外支出	77.49
四、利润总额	5 253.89
减:所得税费用	941.84
五、净利润	4 312.05

数据来源:2010 年中国金融统计年鉴

第三节　保险精算

一、保险精算概论

精算是指运用数学、统计学、金融学及人口学等学科的知识和原理,定量化解决实际问题,为决策提供科学依据。保险精算是以经济学为基础,数学为手段,对各种保险经济活动未来的财务风险进行分析、估价和管理的一门综合性的应用科学。

保险精算的起源,是随着统计学的发展而发展。1661 年,统计学政治算术学派创始人之一的约翰·格朗特(John Graunt)出版了《对死亡表的自然观察和政治观察》一书,开创了真正的统计科学,其中编制的世界上第一张死亡率表,是保险精算核心基础理论——生命表的雏形。1671 年,荷兰政治家威特(Witt)发表了关于"终身年金价值"的杰出论文,对国家的年金公债发行提供了科学依据;1693 年,英国著名天文学家哈雷(Halley)在研究人的死亡率的基础上,发表了"根据勃瑞斯劳城出生、死亡统计表作出的人类死亡率估计"的论文,其中有著名的"哈雷生命表",这是世界上第一张生命表,这使得年金价值的计算更加精确,从而开辟了保险精算的研究。1706 年,在英国伦敦成立了英国早期的寿险组织——协和保险社。在哈雷的统计数据的基础上,法国数学家棣莫弗(De Moivre)于 1725 年出版《年金论》一书,此书改进了关于人口统计的方法,并且在假定死亡率所遵循的规律以及银行利息不变的情况下,推导出了计算年金的公式;还提出了一个死亡假说:在每 86 个婴儿出生后,每年将死掉一个。即:生存人数 $l_x=\frac{86-x}{86}l_0$,$(0\leqslant x\leqslant 86)$。1742 年,英国数学家辛普森(Simpson)在有关年金的书中,根据哈雷的生命表,制作出依照死亡率增加而递增的费率表,探讨了迁移对死亡年龄构成所产生的影响。早期寿险不考虑年龄,给付金额由生存的参保人员分摊,致使参加保险的老年人越来越多,于是一些保险社只好对年龄进行限制,规定参保年龄不超过 45 岁。1756 年,棣莫弗的学生数学家詹姆斯·道森(James Dodson)在他 46 岁时希望参加协和保险社而被拒绝,致使他质疑当时的给付金额由生存的参保人员分摊这一保费计算方法的科学性。他依据年龄之差等因素来找出计算保险费的方法,提出了自然保费和均衡保费的计算思想。1762 年,英国创办了公平人寿保险公司,第一次运用生命表,采用道森的均衡保险费的理论,科学地计算保费,使得该公司的成立成为近代人身保险制度形成的标志。海沙姆(Heysham)曾于 1780 年和 1787 年对卡莱尔(Carlisle)镇的居民人数进行调查,编制出结婚、出生、疾病等的统计表。他的调查材料在英国人口统计学家兼保险统计学家米尔恩(Milne)的名著《论年金和人寿保险价值及生存者》(1815)中,编制出了著名的生命表——"卡莱尔表",为保险统计奠定了基础。1895 年,在比利时首都布鲁塞尔成立了"国际精算会议"的国际组织。20 世纪以来,保险业存在诸多因素(巨大风险的出现、保险业竞争激烈和保险费率等)的影响,要求保险人在确定保险费率、应付意外损失的准备金、自留限额、未到期责任准备金和未决赔款准备金等方面,都力求采用更精确的方式取代以前的经验判断。而统计理论和方法的不断成熟,从客观上提供了科学的方法论,保险精算得到了大力地发展。

从事保险精算职业的专业人士称为精算师。按照 1968 年国际职业分类标准的定义,精算师指运用数学、统计、金融学等知识,对年金方案、寿险、健康险、社会保险和财产保险等领域中的保单设计与保险运作的专业人才。北美精算师协会在 1998 年的"未来精算师特别工作组"的研究报告中,定义精算师是私人和公共财务设计师和潜在的企业管理人员,这是建立在精算职业的智能核心基础上的,其智能核心为经验分析和分析衡量、估算、转移以及对未来意外事件的现行财务状况作出反应。精算师就是利用精算技能,分析和解决商业保险同社会保障领域中有关精算实际问题的专业人员,是评估经济活动未来财务风险的专家。早在 1884 年,英格兰精算师协会在伦敦成立,1856 年苏格兰精算师公会在爱丁堡成立,1994 年这两个组织统一称为英国精算学会,建立起统一的英国精算师资格考试制度。1889 年美国纽约精算师协会成立,1909 年美国芝加哥精算师协会成立,1949 年两个协会合并成为北美精算师协会。1899 年日本精算学会成立,建立了日本精算师资格考试制度。

我国的保险精算起步较晚。1987 年 11 月南开大学率先与北美精算学会签订保险精算教育合作协议,1988 年招收首届精算研究生,设立了我国第一个北美精算学会的考试中心。1991 年 9 月,湖南财经学院招收首届精算本科生。1992 年,中国人民保险公司开始编制中国第一张寿险生命表;1995 年 7 月,中国第一张人寿保险经验生命表(1990—1993)编制完成。1995 年 6 月 30 日第八届全国人民代表大会常务委员会第十四次会议通过第一部《中华人民共和国保险法》,于 1995 年 10 月 1 日生效;2002 年 10 月 28 日第九届全国人民代表大会常务委员会第三十次会议通过了《关于修改〈中华人民共和国保险法〉的决定》;2009 年 2 月 28 日第十一届全国人民代表大会常务委员会第七次会议关于《中华人民共和国保险法》修订通过,自 2009 年 10 月 1 日起施行。1999 年 10 月我国认可了 43 名中国精算师,2000 年 12 月 15 日 ~17 日中国精算师首次开考。2003 年,保监会决定编制寿险业的第二张经验生命表;2005 年 6 月至 9 月,第二张生命表编制完成;2005 年 11 月 12 日,通过《中国人寿保险业经验生命表(2000—2003)》的评审;2005 年 12 月 19 日,中国保险监督管理委员会颁发了通知,《中国人寿保险业经验生命表(2000—2003)》作为寿险公司的准备金以及偿付能力评估的标准表和寿险定价的参考表。新生命表的使用时间从 2006 年到 2015 年。2007 年 11 月 10 日在北京中国精算师协会成立。新旧生命表对比见表 3 - 11。

表 3－11　　新旧生命表对比表

	新生命表		旧生命表	
观察期	2000—2003 年		1990—1993 年	
样本数	4 200 万件		800 万件	
险种	长期个人寿险业务（不包括投连与万能险、联生寿险、银行代理保险）		团险业务	
参调公司	中国人寿、平安人寿、太平洋寿、新华人寿、泰康人寿、友邦人寿		中国人民保险公司	
数据收集	各公司业务数据系统		手工整理业务资料，录入系统	
零岁余命	非养老金业务表	男:76.7 岁	非养老金业务表	男:73.6 岁
		女:80.9 岁		女:77.8 岁
	养老金业务表	男:79.7 岁	养老金业务表	男:74.9 岁
		女:83.7 岁		女:79.0 岁

保险精算是指通过对火灾、盗窃以及人的死亡等损失事故发生的概率进行估算以确定保险公司应该收取多少保费。主要分为：寿险精算和非寿险精算。

寿险精算是以概率论和数理统计为工具研究人寿保险的寿命分布规律，寿险出险规律，寿险产品的定价，责任准备金的计算，保单现金价值的估值等问题的学科。其中，利率和死亡率的测算是厘定寿险成本的两个基本问题。利率一般是由国家控制的，所以死亡率的测算即生命表的建立成为寿险精算的核心工作。

非寿险精算是研究除人寿以外的保险标的的出险规律，出险事故损失额度的分布规律，保险人承担风险的平均损失及其分布规律，保费的厘定和责任准备金的提存等问题的学科。其中损失发生的频率、损失发生的规模以及对损失的控制是它的研究重心。其两个重要分支是：损失分布理论和风险理论。

伴随着金融深化的利率市场化，保险基金的风险也变为精算研究的核心问题。主要包括投资收益的敏感性分析和投资组合分析、资产和负债的匹配等。

二、寿险精算

（一）利息理论

1. 实际利率与实际贴现率

（1）基本概念

利息 I：指在一定时期内借款人向贷款人支付的使用资金的报酬。

现值 P：又称本金，是指未来某一时点上的一定量现金折合为现在的价值，也就是每项业务开始时投资的金额。

终值 A：又称积累值或本利和，是指现在一定量的资金在未来某一时点上的价值。

积累函数 $a(t)$：又称为 t 期积累因子，是指单位本金的投资在时刻 t 期期末的积累值。k 个单位本金在时刻 t 期期末的积累值，记为 $A(t) = ka(t)$。显然，$a(0) = 1$。

折现函数 $a^{-1}(t)$：又称 t 期折现因子，指在时刻 t 期期末支付 1 单位终值的现值，是积累函数 $a(t)$ 的倒数。特别地，称 1 期折现因子 $a^{-1}(1)$ 为折现因子，记为 v；其实质就是为了使在 1 期期末的积累值为 1，而在开始时投入的本金金额。

利息余额：指 t 期期末积累值与期初本金的差额。

(2) 实际利率

实际利率：指剔除了通货膨胀率后投资者获得利息回报的真实利率，指在度量期内得到的利息金额与此度量期初投入的本金金额之比。记为：i。

$$i_n = \frac{A(n) - A(n-1)}{A(n-1)} = \frac{I_n}{A(n-1)}, (n \geqslant 1)$$

其中，i_n：表示从投资日起第 n 个度量期的实际利率；

$A(n)$：表示第 n 个度量期末的积累值；

$A(n-1)$：表示第 n 个度量期初的积累值；

I_n：表示从投资日起第 n 个度量期得到的利息余额，有：

$$I_n = A(n) - A(n-1)$$

例：某人存入中国工商银行 10 000 元，第 1 年末的存款余额为 10 250 元，第 2 年年末的存款余额为 10 550 元。试问，第 1 年、第 2 年的实际利率各是多少？

解：依题意，$A(0) = 10\,000$，$A(1) = 10\,250$，$A(2) = 10\,550$，有，$I_1 = 250$，$I_2 = 300$，则第 1 年、第 2 年的实际利率分别是：

$$i_1 = \frac{I_1}{A(0)} = \frac{250}{10\,000} = 2.5\%$$

$$i_2 = \frac{I_2}{A(1)} = \frac{300}{10\,250} = 2.927\%$$

(3) 单利与复利

单利：是指按照固定的本金计算的利息。计算方法为：

$$I = P \times i \times t \quad 或 \quad A(t) = P \times (1 + i \times t)$$

其中，I：表示利息；

P：表示本金，或期初现值；

i：表示利率；

t：表示时间年限（以年为单位）；

$A(t)$：表示时刻 t 期期末的积累值。

例：某人有一张带息期票，面额为 10 000 元，票面利率 3%，出票日期是 5 月 31 日，到期日为 9 月 30 日（共 120 天）。

① 试求到期利息（以单利计息）；

② 试求到期本利和；

③ 因为急需用款，欲在 8 月 30 日到银行办理该期票的贴现。已知银行规定的贴现率 6%。试求银行该付给此人多少？

解：① 到期利息为：

$$I = P \times i \times t = 10\ 000 \times 3\% \times \frac{120}{360} = 100(\text{元})$$

② 到期本利和为:

$$A(t) = P \times (1 + i \times t) = 10\ 000 \times (1 + 3\% \times \frac{120}{360}) = 10\ 100(\text{元})$$

③ 因为9月30日才到期,贴现期为30天。贴现期对应的贴现利息为:

$$I = A(t) \times i \times t = 10\ 100 \times 6\% \times \frac{30}{360} = 50.5(\text{元})$$

扣除贴现息后的余额即为贴现值:

$$P = A(t) \times (1 - i \times t) = 10\ 100 \times (1 - 6\% \times \frac{30}{360}) = 10\ 049.5(\text{元})$$

复利:指由本金和前一个利息期内应记利息共同产生的利息。即在每一个计息期后,都要将所得利息加入本金,以计算下期的利息。俗称"利滚利"。复利终值是指本金在约定的期限内获得利息后,将利息加入本金再计利息,逐期滚算到约定期末的本金之和。复利现值是指按复利计算,要达到未来某一特定的资金金额,现在必须投入的本金。计算方法为:

$$A(t) = P \times (1 + i)^t \quad \text{或} \quad I = (1 + i)^t$$

其中,$A(t)$:表示时刻t期期末的积累值;

P:表示本金,或期初现值;

i:表示利率;

t:表示时间年限(以年为单位);

I:表示利息。

例:现有本金为10 000元,投资回报率为5%,投资年限为10年。按复利计息。试问:

①10年后能获得本利和多少?

② 若希望10年后可获得本利和10 000元,现在需要投入多少本金?

解:①10年后能获得本利和为:

$$A(t) = P \times (1 + i)^t = 10\ 000 \times (1 + 5\%)^{10} = 16\ 288.95(\text{元})$$

② 根据$A(t) = P \times (1 + i)^t$得:

$$P = \frac{A(t)}{(1 + i)^t} = \frac{10\ 000}{(1 + 5\%)^{10}} = 6\ 139.13(\text{元})$$

(4) 实际贴现率

实际贴现率d:指在度量期内取得的利息金额与期末投资可收回的资金金额之比。

$$d_n = \frac{A(n) - A(n-1)}{A(n)} = \frac{I_n}{A(n)}, (n \geqslant 1)$$

其中,d_n:表示从投资日起第n个度量期的实际贴现率;

$A(n)$:表示第n个度量期末的积累值;

$A(n-1)$:表示第n个度量期初的积累值;

I_n:表示从投资日起第n个度量期得到的利息余额或贴现金额,有:

$$I_n = A(n) - A(n-1)$$

例：某人存入中国工商银行 10 000 元，第 1 年末的存款余额为 10 250 元，第 2 年年末的存款余额为 10 550 元。试问，第 1 年、第 2 年的实际贴现率各是多少？

解：依题意，$A(0) = 10\,000$，$A(1) = 10\,250$，$A(2) = 10\,550$，有，$I_1 = 250$，$I_2 = 300$，则第 1 年、第 2 年的实际贴现率分别是：

$$d_1 = \frac{I_1}{A(1)} = \frac{250}{10\,250} = 2.439\%$$

$$d_2 = \frac{I_2}{A(2)} = \frac{300}{10\,550} = 2.844\%$$

2. 名义利率与名义贴现率

名义利率：是指央行或其他提供资金借贷机构所公布的未调整通货膨胀因素的利率，它包括了补偿通货膨胀（包括通货紧缩）风险的利率。

实际利率和名义利率，其实质在于利息的支付周期。若利息在每一个度量期支付一次，则该利率是实际利率；若在一个度量期中利息支付多次或在多个度量期利息才支付一次，则对应的那个一个度量期的利率就是名义利率。实际贴现率和名义贴现率类似。

假定 1 年为一个度量期，每年计息 4 次，年利率为 8%。则 8% 称为每年计息 4 次的年名义利率，相应地每季度的利率 2% 称为实际利率。

i：表示实际利率；$i^{(m)}$：表示每一度量期内支付 m 次利息的名义利率。则有：

$$1 + i = \left(1 + \frac{i^{(m)}}{m}\right)^m$$

类似地，d：表示实际贴现率；$d^{(m)}$：表示每一度量期内支付 m 次利息的名义利率。则有：

$$1 - d = \left(1 - \frac{d^{(m)}}{m}\right)^m$$

实际利率 i 与实际贴现率 d 之间存在关系：

$$i = \frac{d}{1-d} \quad \text{或} \quad d = \frac{i}{1+i}$$

类似地，名义利率 $i^{(m)}$ 与名义贴现率 $d^{(m)}$ 之间也存在关系：

$$\left(1 + \frac{i^{(m)}}{m}\right)^m = 1 + i = \left(1 - \frac{d^{(p)}}{p}\right)^{-p}$$

若 $m = p$，则

$$1 + i^{(m)} = \left(1 - \frac{d^{(m)}}{m}\right)^{-1}$$

例：已知年实际利率为 8%，每年计息 2 次。试求年名义利率。

解：设年名义利率为 $i^{(2)}$，则有

$$\left(1 + \frac{i^{(m)}}{m}\right)^m = 1 + i \Rightarrow \left(1 + \frac{i^{(2)}}{2}\right)^2 = 1 + 8\% \Rightarrow i^{(2)} = 7.85\%$$

例：已知年实际利率为 8%，每年计息 4 次。试求年名义贴现率。

解：设年名义贴现率为 $d^{(4)}$，则有

$$\left(1-\frac{d^{(p)}}{p}\right)^{-p}=1+i\Rightarrow\left(1-\frac{d^{(4)}}{4}\right)^{-4}=1+8\%\Rightarrow d^{(4)}=7.623\%$$

例：已知年名义贴现率为8%，每年计息12次。求等价的年实际利率。

解：设年实际利率为i，则有

$$1+i=\left(1-\frac{d^{(p)}}{p}\right)^{-p}=\left(1-\frac{8\%}{12}\right)^{-12}\Rightarrow i=8.36\%$$

例：已知年名义贴现率10%，每年计息2次，5年后支付10万元。试求现在需要投资多少？

解：设现值为P，$A(5)=100\ 000$，由

$$A(t)=P\times(1+i)^{t}=P\times\left(1-\frac{d^{(p)}}{p}\right)^{-pt}$$

$$\Rightarrow 100\ 000=P\times\left(1-\frac{10\%}{2}\right)^{-2\times5}\Rightarrow P=59\ 873.69(\text{元})$$

3. 利息强度

利息强度：又称利息力，指利息在各个时间点上的度量，在某个时刻t的利息。即连续结转利息时的名义利率，或一定时期内利息结转次数趋于无穷大时的名义利率，或在无穷小时间区间上的利息。

设一投资资金在时刻t的资金总量函数为$A(t)$，则该投资额在t时刻的利息强度定义为：

$$\delta_t=\frac{A'(t)}{A(t)}=\frac{a'(t)}{a(t)}$$

其中，δ_t表示利息强度。为利息在时刻t的一种度量，或为t时每一个单位资金的变化率；

$A(t)$：表示时刻t期期末的积累值；

$a(t)$：单位本金在时刻t期期末的积累值。

由利息强度定义，可得：

$$a(t)=e^{\int_0^t\delta_r dr}$$

$$\int_0^n A(t)\delta_t dt=A(n)-A(0)$$

假定利息强度δ_t在各个度量期上为常数，即：

$$\delta_t=\begin{cases}\delta_1,(0\leqslant t<1)\\ \delta_2,(1\leqslant t<2)\\ \cdots\\ \delta_n,(n-1\leqslant t<n)\end{cases}$$

其中，δ_n：表示从投资日起第n个时期上的利息强度，是一个常数。则：

$$a(t)=e^{\delta_1}e^{\delta_2}\cdots e^{\delta_t}=(1+i_1)(1+i_2)\cdots(1+i_t)$$

其中，i_t：表示第n个时期的实际利率。且$i_t=e^{\delta_t}-1$或$\delta_t=\ln(1+i_t)$。

例：现有一张1 000元的票据，利息强度$\delta_t=0.01t(0\leqslant t\leqslant 2)$。试求：

(1) 第 1 年年末的积累值;

(2) 第 2 年内的利息余额。

解:(1) 第 1 年年末的积累值为:

$$A(1) = 1\,000 \times a(1) = 1\,000 \times e^{\int_0^1 \delta_t dt} = 1\,000 \times e^{\int_0^1 0.01t dt} = 1\,005(\text{元})$$

(2) 第 2 年内的利息余额为:

$$I_2 = A(2) - A(1) = 1\,000 \times a(2) - A(1) = 1\,000 \times e^{\int_0^2 \delta_t dt} - 1\,000 \times e^{\int_0^1 0.01t dt} =$$
15.2(元)

例:现有一项 10 万元的投资,已知前 3 年的实际利率为 10%,其后 2 年的实际利率为 8%,最后 1 年的实际利率为 6%。试问这项投资在这 6 年中所获利息为多少?

解:这 6 年中所获利息为

$$I = A6 - A(0) = 100\,000 \times [a(6) - a(0)]$$
$$= 100\,000 \times [(1 + 10\%)^3 (1 + 8\%)^2 (1 + 6\%) - 1] = 64\,563(\text{元})$$

(二) 年金理论

生存年金指在已知某人生存的条件下,按约定金额以连续方式或以一定的周期进行一系列的给付的保险。每次年金给付是以年金受领人生存为条件的,一旦年金受领人死亡,给付立即停止。

1. 期末付年金

期末付年金指在每个付款期末付款的年金合约。

假设一笔年金,付款期限为 n 期,每期期末付款额为 1,每期利率为 i。

若将每期期末的付款都按利率 i 折现到初始时间(即首期付款值 1 在初始时刻 0 的现值为 $v = \frac{1}{1+i}$),其所有现值之和记为 $a_{\overline{n}|}$。则:

$$a_{\overline{n}|} = v + v^2 + \cdots + v^n = \frac{1 - v^n}{i}, \left(v = \frac{1}{1+i}\right)$$

若将每期期末的付款都按利率 i 累积到时间 n,其所有积累值之和记为 $s_{\overline{n}|}$。则:

$$s_{\overline{n}|} = (1+i)^{n-1} + (1+i)^{n-2} + \cdots + (1+i) + 1 = \frac{(1+i)^n - 1}{i}$$

显见,有

$$s_{\overline{n}|} = a_{\overline{n}|}(1+i)^n \quad \text{或} \quad \frac{1}{a_{\overline{n}|}} = \frac{1}{s_{\overline{n}|}} + i$$

例:某人想通过零存整取方式,在 3 年后,为刚读高一的儿子读大学挣足 10 万元学费,已知月复利为 0.5%。试问:为此每月末需要存入多少钱?

解:设每月月末需要存入 P 元,则

$$Ps_{\overline{36}|0.005} = 100\,000$$

又 $$s_{\overline{36}|0.005} = \frac{(1 + 0.5\%)^{36} - 1}{0.5\%} = 39.336$$

故 $$P = 2\,542.19(\text{元})$$

例:某人为了购买房子,向银行贷款10万元,期限为10年。已知年实际利率为8%。银行提供了下列三种还款方式。试求每种还款方式所还利息额。

(1) 贷款的本金及利息积累值在第10年年末一次还清;

(2) 每年年末支付贷款利息,第10年年末归还本金;

(3) 采取年金方式,每年年末平均偿还贷款。

解:(1) 第10年年末一次还清的本利和为:

$$100\ 000 \times (1+8\%)^{10} = 215\ 892.50(\text{元})$$

所付利息为

$$215\ 892.50 - 100\ 000 = 115\ 892.50(\text{元})$$

(2) 每年年末支付贷款利息为:

$$100\ 000 \times 8\% = 8\ 000(\text{元})$$

10年共支付利息80 000元。

(3) 设每年年末平均偿还额为R元,则

$$Ra_{\overline{10|}0.08} = 100\ 000$$

又 $$a_{\overline{10|}0.08} = \frac{1-v^n}{i} = \frac{1-\left(\frac{1}{1+i}\right)^n}{i} = \frac{1-\left(\frac{1}{1+8\%}\right)^{10}}{8\%} = 6.71$$

得 $$R = 14\ 902.95(\text{元})$$

10年共偿还贷款额149 029.5元,利息为49 029.5元。

2. 期初付年金

期初付年金指在每个付款期期初付款的年金合约。

假设一笔年金,付款期限为n期,每期期初付款额为1,每期利率为i。

若将每期期初的付款都按利率i折现到初始时间,其所有现值之和记为$\tilde{a}_{\overline{n|}}$。则:

$$\tilde{a}_{\overline{n|}} = 1 + v + v^2 + \cdots + v^{n-1} = \frac{1-v^n}{iv} = \frac{1-v^n}{d},\left(v = \frac{1}{1+i}\right)$$

其中,贴现率$d = \frac{i}{1+i}$。

若将每期期初的付款都按利率i累积到时间n,其所有积累值之和记为$\tilde{s}_{\overline{n|}}$。则:

$$\tilde{s}_{\overline{n|}} = (1+i)^n + (1+i)^{n-1} + \cdots + (1+i) = \frac{(1+i)^n - 1}{iv} = \frac{(1+i)^n - 1}{d}$$

显见,有

$$\tilde{s}_{\overline{n|}} = \tilde{a}_{\overline{n|}}(1+i)^n \quad \text{或} \quad \frac{1}{\tilde{a}_{\overline{n|}}} = \frac{1}{\tilde{s}_{\overline{n|}}} + d$$

$$\tilde{a}_{\overline{n|}} = a_{\overline{n|}}(1+i) \quad \text{或} \quad \tilde{a}_{\overline{n|}} = a_{\overline{n-1|}} + 1$$

$$\tilde{s}_{\overline{n|}} = s_{\overline{n|}}(1+i) \quad \text{或} \quad \tilde{s}_{\overline{n|}} = s_{\overline{n+1|}} - 1$$

例:某人想通过零存整取方式,在3年后,为刚读高一的儿子读大学挣足10万元学费,已知月复利为0.5%。试问:为此每月月初需要存入多少钱?

解:设每月月初需要存入P元,则

$$P\tilde{s}_{\overline{36}|0.005} = 100\ 000$$

又
$$\tilde{s}_{\overline{36}|0.005} = \frac{(1+i)^n - 1}{\dfrac{i}{1+i}} = \frac{(1+0.5\%)^{36} - 1}{\dfrac{0.5\%}{1+0.5\%}} = 39.53$$

故
$$P = 2\ 529.55(\text{元})$$

3. 永续年金

永续年金指无限期支付的年金，即一系列没有到期日的现金流。只有现值，没有终值。也可视为期限趋于无穷的普通年金。

假设一笔年金，付款期限为无限，每期期末付款额为 1，每期利率为 i。

若将每期期末的付款都按利率 i 折现到初始时间（即首期付款值 1 在初始时刻 0 的现值为 $v = \dfrac{1}{1+i}$），其所有现值之和记为 $a_{\overline{\infty}|}$。则：

$$a_{\overline{\infty}|} = v + v^2 + \cdots = \frac{1}{i}, \left(v = \frac{1}{1+i}\right)$$

若将每期期初的付款都按利率 i 折现到初始时间，其所有现值之和记为 $\tilde{a}_{\overline{\infty}|}$。则：

$$\tilde{a}_{\overline{\infty}|} = 1 + v + v^2 + \cdots = \frac{1}{d}, \left(v = \frac{1}{1+i}\right)$$

其中，贴现率 $d = \dfrac{i}{1+i}$。

例：某人意外去世，留下一笔 10 万元的保险金给他的父母、妻子和子女。他的家人商议决定按永续年金方式领取这笔保险金。他的父母领取前 8 年的年金；他的妻子领取以后 10 年的年金；由其子女领取以后的所有年金。保险公司的预订利率为 6%。若所有年金都在年初领取，试问他们各领取多少保险金？

解：(1) 设每年可领取的年金数额为 R，则有

$$R\tilde{a}_{\overline{\infty}|} = 100\ 000$$

$$\tilde{a}_{\overline{\infty}|} = \frac{1}{d} = \frac{1+i}{i} = \frac{1+6\%}{6\%} = 17.67$$

$$R = \frac{100\ 000}{\tilde{a}_{\overline{\infty}|}} = 5\ 660.38(\text{元})$$

父母领取前 8 年的年金共为：

$$R\tilde{a}_{\overline{8}|} = R \times \frac{1 - \left(\dfrac{1}{1+i}\right)^8}{\dfrac{i}{1+i}} = 5\ 660.38 \times \frac{1 - \left(\dfrac{1}{1+6\%}\right)^8}{\dfrac{6\%}{1+6\%}} = 37\ 258.78(\text{元})$$

他的妻子领取以后 10 年的年金共为：

$$R(\tilde{a}_{\overline{18}|} - \tilde{a}_{\overline{8}|}) = 5\ 660.38 \times \frac{\left[1 - \left(\dfrac{1}{1+6\%}\right)^{18}\right] - \left[1 - \left(\dfrac{1}{1+6\%}\right)^{8}\right]}{\dfrac{6\%}{1+6\%}}$$

$$= 27\ 706.87(\text{元})$$

他的子女领取以后的所有年金共为：

$$R(\tilde{a}_{\overline{\infty}|}-\tilde{a}_{\overline{18}|})=R\times\frac{1-\left[1-\left(\frac{1}{1+i}\right)^{18}\right]}{\frac{i}{1+i}}=5\,660.38\times\frac{\left(\frac{1}{1+6\%}\right)^{18}}{\frac{6\%}{1+6\%}}=35\,034.40(\text{元})$$

（三）生命函数

1. 基本随机变量

(1) X：表示出生婴儿未来寿命的随机变量（即0岁人在死亡时的年龄）；

(2) $F(x)$：X的分布函数，称为寿命函数：

$$F(x)=P(X\leqslant x),x\geqslant 0$$

表示出生婴儿在 x 岁之前死亡的概率。

$$X\text{的概率密度函数}f(x)=F'(x),x\geqslant 0$$

$$X\text{的期望}E(X)=\int_0^{\infty}xf(x)dx$$

$$P(x<X\leqslant x+1\mid X>x)=\frac{F(x+1)-F(x)}{1-F(x)}$$

表示活到 x 岁的人在 x 岁与 $x+1$ 岁之间死亡的概率。

(3) $s(x)$：生存函数

$$s(x)=P(X>x),x\geqslant 0$$

表示出生婴儿在活过 x 岁的概率。有：

$$s(0)=1,s(\infty)=0$$

$$s(x)=1-F(x)$$

【注】$s(x)$ 的解析表达式：de Moivre(1729)、Gompertz(1825)、Makeham(1860)和Weibull(1939)：

de Moivre 模型：

$$s(x)=1-\frac{x}{\omega},0\leqslant x<\omega$$

Gompertz 模型：

$$s(x)=\exp\left[-\frac{B}{\ln c}(c^x-1)\right],B>0,c>1,x\geqslant 0$$

Makeham 模型：

$$s(x)=\exp\left[-Ax-\frac{B}{\ln c}(c^x-1)\right],B>0,A\geqslant -B,c>1,x\geqslant 0$$

Weibull 模型：

$$s(x)=\exp\left(-\frac{kx^{n+1}}{n+1}\right),k>0,n>0,x\geqslant 0$$

(4) $T(x)$：表示 x 岁的人的剩余寿命 $T(X)=X-x$ 的随机变量。其分布函数为：

$$F_T(x)=P(T\leqslant t),t\geqslant 0$$

表示 x 岁的人在 t 年内死亡的概率。有

$$F_T(x) = P(T \leqslant t), t \geqslant 0$$
$$= P(x < X \leqslant x + t \mid X > x)$$
$$= \frac{s(x) - s(x+t)}{s(x)}$$

其概率密度函数为：

$$f_T(x) = F'_T(x) = -\frac{s'(x+t)}{s(x)}$$

【注】在精算学中，国际通用符号：

$${}_tq_x = F_T(x) = P(T \leqslant t), t \geqslant 0$$

表示 x 岁的人在 $x+t$ 岁之前死亡的概率；即 $T(x)$ 的分布函数。

$${}_tp_x = 1 - {}_tq_x = P(T > t), t \geqslant 0$$

表示在 $x+t$ 岁时仍活着的概率。

$${}_{t|u}q_x = P(t < T \leqslant t+u), t \geqslant 0 = \frac{s(x+t) - s(x+t+u)}{s(x)}$$

表示 x 岁的人在活过 t 年后的 u 年内死亡的概率；即 $x+t$ 岁与 $x+t+u$ 岁之间死亡的概率。

(4) $K(x)$：表示 x 岁的人的剩余寿命 $T(X) = X - x$ 整数年 $K(X) = [T(X)]$ 的随机变量。$K(x)$ 是一个离散型随机变量，其所有可能取值为：0，1，2，…，其分布为：

$$P(K(x) = k) = P(k < T(x) \leqslant k+1) = \frac{s(x+k) - s(x+k+1)}{s(x)}, k = 0,1,2,\cdots$$

(5) μ_x：死力

$$\mu_x = -\frac{s'(x)}{s(x)}$$

表示年龄 x 岁的人瞬间死亡的比率，生存函数的相对变化率。有：

$$s(x) = e^{-\int_0^x \mu_y dy}$$

$$f_T(x) = {}_tp_x \cdot \mu_{x+t} = \mu_{x+t} e^{-\int_0^t \mu_{x+y} dy}$$

2. 基本生命函数

(1) l_x：生存人数，指从初始年龄活到 x 岁的人数。

(2) d_x：死亡人数，指在 x 岁与 $x+1$ 岁之间死亡的人数，$d_x = l_x - l_{x+1}$。

(3) q_x：死亡率，指 x 岁的人在未来 1 年内死亡的概率，$q_x = \frac{d_x}{l_x}$。

(4) p_x：生存率，指 x 岁的人在 1 年后仍生存的概率，$p_x = 1 - q_x = \frac{l_{x+1}}{l_x}$。

3. 复杂生命函数

(1) L_x：生存人年数，指活过 x 岁的人在未来 1 年间生存的人年数总和。"1 人年" 表示一个人存活了 1 年。

$$L_x = \int_0^1 l_{x+t} dt \approx \frac{l_x + l_{x+1}}{2}$$

(2) T_x:平均生存总人年数,指 x 岁的人在未来累计生存的人年数总和。

$$T_x = L_x + L_{x+1} + L_{x+2} + \cdots = \int_0^{+\infty} l_{x+t}dt \approx \alpha(x)l_x + [1-\alpha(x)]l_{x+1} = \alpha(x)d_x + l_{x+1}$$

【注】美国著名人口学家安斯雷·寇尔(*Ansley Coale*)给出了 $\alpha(x)$ 的检验值见表3-12。

表3-12　各年龄段死亡者在该年度内平均生存年数

x	0	1~4	5~9	10~74	75~79	80~84	85~89	90+
$\alpha(x)$	0.3	0.375	0.45	0.52	0.5	0.48	0.44	0.42

(3) e_x:平均余命或平均预期寿命,指已经活到 x 岁的人未来平均可生存的年数。

$$e_x = E(T(x)) = \int_0^{+\infty} tf_T(t)dt = \frac{T_x}{l_x}$$

4. 生命表

生命表,也叫寿命表、死亡表,是研究同时出生的一批人生命过程的分析表,是同时出生的这批人全部去世为止的生存与死亡记录,是分析人口生命过程的重要模型见表3-13。

表3-13　中国人寿保险业经验生命表(2000—2003)

非养老金业务男表(*CL*1)						
年龄	死亡率	生存人数	死亡人数	生存人年数		平均余命
x	q_x	l_x	d_x	L_x	T_x	e_x
0	0.000 722	1 000 000	722	999 639	76 712 704	76.7
1	0.000 603	999 278	603	998 977	75 713 065	75.8
2	0.000 499	998 675	498	998 426	74 714 088	74.8
……						
104	0.645 770	118	76	80	101	0.9
105	1.000 000	42	42	21	21	0.5

例:中国人寿保险业经验生命表(2000—2003)中非养老金业务男表,求:

(1)30 岁的人在 31 岁以前死亡的概率;

(2)30 岁的人在 31 岁仍活着的概率;

(3) 在 5 年之内死亡的概率;

(4)5 年后仍活着的概率;

(5) 在 60 岁死亡的概率;

(6) 活过 80 岁的概率。

解:(1) 查生命表(2000—2003),得 30 岁的人在 31 岁以前死亡的概率为:

$$q_{30} = 0.000\,881$$

(2)30 岁的人在 31 岁仍活着的概率为:

$$p_{30} = 1 - q_{30} = 0.999\,119$$

(3) 在 5 年之内死亡的概率为:

$${}_5q_{30} = \frac{l_{30} - l_{35}}{l_{30}} = \frac{984\,635 - 979\,738}{984\,635} = 0.004\,973$$

(4)5 年后仍活着的概率为:

$${}_5p_{30} = 1 - {}_5q_{30} = 1 - 0.004\,973 = 0.995\,027$$

(5) 在 60 岁死亡的概率为:

$${}_{30|0}q_{30} = \frac{d_{60}}{l_{30}} = \frac{9\,383}{984\,635} = 0.009\,529$$

(6) 活过 80 岁的概率为:

$${}_{50}p_{30} = \frac{l_{80}}{l_{30}} = \frac{480\,804}{984\,635} = 0.488\,307$$

(四) 趸缴纯保费

趸缴纯保费指一次缴清的未来保险金给付在签单时的精算现值。将以预定利率和预定死亡率为基础,把保险金支付的时间和数量看作只依赖于被保险人死亡的时间(被保险人的剩余寿命 $T(x)$ 或剩余寿命整数年 $K(x)$ 而建立寿险模型进行计算。

x:表示投保年龄;

t:表示从签单到死亡的时间区间;

b_t:表示保险金给付函数;

v_t:表示贴现函数;

$z_t = b_t v_t$:表示现值函数,指未来保险金给付在签单时的现值;

$z_T = b_T v_T$:指未来保险金给付发生于 $T(x)$ 时刻对应的在签单时的现值;

$E(z_T)$:表示趸缴纯保费,现值函数 z_T 的数学期望;

$Var(z_T)$:表示现值函数 z_T 的方差,反映保险公司承担的风险。

1. 死亡即付的寿险模型

死亡即付的人寿保险,指被保险人在保险责任范围内死亡,保险人立即给付保险金。

(1)n 年定期寿险的精算现值(趸缴纯保费)

n 年定期寿险:指保险人只对被保险人在保险期限内发生的保险责任范围内的死亡给付保险。

假定被保险人在年龄 x 岁投保,在保险期限 n 年内发生死亡时,立即给付保险金1元,则保险金

给付函数 $b_t = \begin{cases} 1, t \leqslant n \\ 0, t > n \end{cases}$

贴现函数 $v_t = v^t, (t \geqslant 0)$;

现值函数 $z_T = b_T v_T = \begin{cases} v^T, T \leqslant n \\ 0, T > n \end{cases}$，是死亡时刻 T 的函数；

设 T 的概率密度函数为 $f_T(t)$，则 n 年定期保险的精算现值 $\bar{A}^1_{x,\overline{n}|}$ 为：

$$\bar{A}^1_{x,\overline{n}|} = E(Z_T) = \int_0^n z_t f_T(t)dt = \int_0^n v^t f_T(t)dt = \int_0^n e^{-\delta t} \cdot {}_tp_x \cdot \mu_{x+t}dt$$

其中，$v = e^{-\delta}$，δ 为利息强度。方差 $Var(z_T)$ 为：

$$Var(z_T) = E(z_T^2) - [E(z_T)]^2 = {}^2\bar{A}^{\ 1}_{x,\overline{n}|} - (\bar{A}^1_{x,\overline{n}|})^2$$

其中，${}^2\bar{A}^{\ 1}_{x,\overline{n}|} = E(z_T^2) = \int_0^n e^{-2\delta t} \cdot {}_tp_x \cdot \mu_{x+t}dt$。

例：已知生存函数 $s(x) = 1 - \frac{x}{100}$，$(0 \leqslant x \leqslant 100)$，年利率 $i = 10\%$，若保险金额为1元。试求：

①30岁投保10年定期保险的趸缴纯保费 $\bar{A}^1_{30,\overline{10}|}$；

② 保险公司承担的风险 $Var(z_T)$。

解：由 $s(x) = 1 - \frac{x}{100}$，得

$$f_T(x) = -\frac{s'(x+t)}{s(x)} = \frac{\frac{1}{100}}{1 - \frac{x}{100}} = \frac{1}{100 - x}$$

又 $x = 30$，得 $f_T(x) = \frac{1}{70}$。

利息强度 $\delta = \ln(1+i) = \ln(1.1)$。故

①30岁投保10年定期保险的趸缴纯保费 $\bar{A}^1_{30,10}$ 为：

$$\bar{A}^1_{30,\overline{10}|} = \int_0^n e^{-\delta t} \cdot f_T(t)dt = \int_0^{10} e^{-\ln(1.1)t} \cdot \frac{1}{70}dt = 0.092\ 099$$

② 保险公司承担的风险 $Var(z_T)$ 为：

$$Var(z_T) = {}^2\bar{A}^{\ 1}_{x,\overline{n}|} - (\bar{A}^1_{x,\overline{n}|})^2 = 0.063\ 803 - (0.092\ 099)^2 = 0.055\ 321$$

其中，${}^2\bar{A}^{\ 1}_{x,\overline{n}|} = \int_0^n e^{-2\delta t} \cdot f_T(t)dt = \int_0^{10} e^{-2\ln(1.1)t} \cdot \frac{1}{70}dt = 0.063\ 803$

(2) 终身寿险的精算现值（趸缴纯保费）

终身寿险指被保险人在保单生效后的任何时刻发生保险责任范围内的死亡，保险人均给付保险金。

投保人在年龄 x 岁投保终身寿险，保险金额为1元。则保险金

给付函数 $b_t = 1, (t \geqslant 0)$；

贴现函数 $v_t = v^t, (t \geqslant 0)$；

现值函数 $z_T = b_T v_T = v^T, (T \geqslant 0)$，是死亡时刻 T 的函数；

T 的概率密度函数为 $f_T(t)$，则终身寿险的精算现值 $\bar{A}_x$ 为：

$$\bar{A}_x = E(Z_T) = \int_0^\infty z_t f_T(t)dt = \int_0^\infty v^t f_T(t)dt = \int_0^\infty e^{-\delta t} \cdot {}_tp_x \cdot \mu_{x+t}dt$$

其中，$v = e^{-\delta}$，δ 为利息强度。方差 $Var(z_T)$ 为：

$$Var(z_T) = E(z_T^2) - [E(z_T)]^2 = {}^2\bar{A}_x - (\bar{A}_x)^2$$

其中，${}^2\bar{A}_x = E(z_T^2) = \int_0^{\infty} e^{-2\delta t} \cdot {}_tp_x \cdot \mu_{x+t} dt$。

例：现有年龄 x 岁相互独立的 100 人投保了终身寿险，保险金额为 10 元。死亡时刻 T 是随机变量，其概率密度函数 $f_T(t) = \mu e^{-\mu t}$，$(\mu = 0.04, t \geqslant 0)$。保险金按利息强度 $\delta = 0.06$ 计息在被保险人死亡时即给付。试求：

①100 个被保险人的趸缴纯保费；

② 保险公司承担的风险；

③ 假设准备一项基金来保证支付每个保险人的死亡给付的概率达到95%，最初至少应该准备多少保险基金。

解：令 $Z_j(j = 1,2,\cdots,100)$ 表示第 j 个被保险人的死亡给付在签单时的现值。因为死亡时刻 T 是相互独立的随机变量，则 $Z_j(j = 1,2,\cdots,100)$ 也是相互独立的随机变量。每个投保人在年龄 x 岁投保终身寿险，保险金额为 10 元。则

保险金给付函数 $b_t = 10,(t \geqslant 0)$；

贴现函数 $v_t = v^t,(t \geqslant 0)$；$v = e^{-0.06}$；

现值函数 $Z_j = 10v^T,(T \geqslant 0), j = 1,2,\cdots,100$，是死亡时刻 T 的函数。

设 $Z = \sum_{j=1}^{100} Z_j$，表示这 100 个被保险人的死亡给付在签单时的现值随机变量。

投保人在年龄 x 岁投保终身寿险，保险金额为 1 元。死亡即付终身寿险的趸缴纯保费 $\bar{A}_x$ 为：

$$\bar{A}_x = \int_0^{\infty} e^{-\delta t} \cdot f_T(t) dt = \int_0^{\infty} e^{-\delta t} \cdot \mu e^{-\mu t} dt = \frac{\mu}{\mu + \delta}$$

投保人在年龄 x 岁投保终身寿险，保险金额为 10 元。死亡即付终身寿险的趸缴纯保费 $10\bar{A}_x$ 为：

$$10\bar{A}_x = E(Z_j) = 10 \times \frac{0.04}{0.04 + 0.06} = 4(\text{元})$$

$$Var(Z_j) = E(Z_j^2) - [E(Z_j)]^2 = 25 - 4^2 = 9(\text{元}), j = 1,2,\cdots,100$$

其中，$E(Z_j^2) = 10^2 \times {}^2\bar{A}_x = 10^2 \times \dfrac{0.04}{0.04 + 2 \times 0.06} = 25(\text{元})$

故 100 个被保险人的趸缴纯保费为：

$$E(Z) = E(\sum_{j=1}^{100} Z_j) = \sum_{j=1}^{100} E(Z_j) = 100 \times 4 = 400(\text{元})$$

$$Var(Z) = Var(\sum_{j=1}^{100} Z_j) = \sum_{j=1}^{100} Var(Z_j) = 100 \times 9 = 900(\text{元})$$

设这项保险基金最初至少需要准备 y 元，才能保证支付每个保险人的死亡给付的概率达到95%，即 $P(Z \leqslant y) = 95\%$，等价于标准化形式：

$$P(\frac{Z - 400}{\sqrt{900}} \leqslant \frac{y - 400}{\sqrt{900}}) = 95\%$$

根据中心极限定理，

$$\frac{Z-E(Z)}{\sqrt{Var(Z)}}=\frac{Z-400}{30}\sim N(0,1)$$

得

$$\frac{y-400}{30}\geqslant 1.645\Rightarrow y\geqslant 449.35(\text{元})$$

(3) 延期寿险的精算现值(趸缴纯保费)

延期 m 年的终身寿险:指被保险人在投保 m 年后,发生保险责任范围内的死亡时,保险人才给付保险金的保险。

投保人在年龄 x 岁投保延期 m 年的终身寿险,保险金额为 1 元。则保险金的

给付函数 $b_t=\begin{cases}0,(t\leqslant m)\\1,(t>m)\end{cases}$;

贴现函数 $v_t=v^t,(t\geqslant 0)$;

现值函数 $z_T=b_Tv_T=\begin{cases}0,(T\leqslant m)\\v^T,(T>m)\end{cases}$,是死亡时刻 T 的函数;

T 的概率密度函数为 $f_T(t)$,则终身寿险的精算现值 ${}_{m|}\bar{A}_x$ 为:

$${}_{m|}\bar{A}_x=E(Z_T)=\int_m^{\infty}z_tf_T(t)dt=\int_m^{\infty}v^tf_T(t)dt=\int_m^{\infty}e^{-\delta t}\cdot{}_tp_x\cdot\mu_{x+t}dt$$

其中,$v=e^{-\delta}$,δ 为利息强度。方差 $Var(z_T)$ 为:

$$Var(z_T)=E(z_T^2)-[E(z_T)]^2={}_{m|}{}^2\bar{A}_x-({}_{m|}\bar{A}_x)^2$$

其中,${}_{m|}{}^2\bar{A}_x=E(z_T^2)=\int_m^{\infty}e^{-2\delta t}\cdot{}_tp_x\cdot\mu_{x+t}dt$。

例:年龄在 x 岁的投保人投保延期 10 年的终身寿险,保险金额为 1 元。生存函数 $s(x)=e^{-0.04x}$,$(x\geqslant 0)$。保险金按利息强度 $\delta=0.06$ 计息在被保险人死亡时即给付。试求:

① 被保险人的趸缴纯保费;

② 保险公司承担的风险。

解:由生存函数 $s(x)=e^{-0.04x}$,$(x\geqslant 0)$,得 T 的概率密度函数为 $f_T(t)$ 为:

$$f_T(x)=-\frac{s'(x+t)}{s(x)}=\frac{\frac{d}{dt}[e^{-0.04(x+t)}]}{e^{-0.04x}}=0.04e^{-0.04t}$$

① 被保险人的趸缴纯保费 ${}_{10|}\bar{A}_x$ 为:

$${}_{10|}\bar{A}_x=\int_{10}^{\infty}e^{-\delta t}\cdot f_T(t)dt=\int_{10}^{\infty}e^{-\delta t}\cdot 0.04e^{-0.04t}dt=0.4e^{-1}$$

② 保险公司承担的风险

$$Var(z_T)={}_{10|}{}^2\bar{A}_x-({}_{10|}\bar{A}_x)^2=\frac{1}{4}\times e^{-1.6}-(0.4e^{-1})^2$$

其中,${}_{10|}{}^2\bar{A}_x=E(z_T^2)=\int_{10}^{\infty}e^{-2\delta t}\cdot f_T(t)dt=\int_{10}^{\infty}e^{-2\delta t}\cdot 0.04e^{-0.04t}dt=\frac{1}{4}\times e^{-1.6}$。

③ 生存保险的精算现值(趸缴纯保费)

n 年期生存保险:指被保险人生存至 n 年期满时,保险人在第 n 年年末支付保险金的保险。

投保人在年龄 x 岁投保 n 年期生存保险,保险金额为1元。保险金在第 n 年年末支付。则保险金的

给付函数 $b_t = \begin{cases} 0,(t \leqslant n) \\ 1,(t > n) \end{cases}$;

贴现函数 $v_t = v^n,(t \geqslant 0)$;

现值函数 $z_T = b_T v_T = \begin{cases} 0,(T \leqslant n) \\ v^n,(T > n) \end{cases}$,是死亡时刻 T 的函数;

则 n 年生存保险的精算现值 ${}_nE_x$ 为:

${}_nE_x = E(Z_T) = v^n \cdot {}_np_x$

方差 $Var(z_T)$ 为:

$Var(z_T) = E(z_T^2) - [E(z_T)]^2 = {}_n^2E_x - ({}_nE_x)^2 = v^{2n} \cdot {}_np_x \cdot {}_nq_x$

例:一位富豪临终时,其小儿子才5岁。于是留下遗嘱,其儿子年满18岁时,可获得遗产100万元。已知年利率为6%,试利用中国人寿保险业经验生命表(2000—2003年)中非养老金业务男表,求其子所得遗产的现值。

解:保险金额为1元时的趸缴纯保费为:

$$ {}_nE_x = E(Z_T) = v^{13} \cdot {}_{13}p_5 = \left(\frac{1}{1+i}\right)^{13} \cdot \frac{l_{18}}{l_5} = \left(\frac{1}{1+6\%}\right)^{13} \cdot \frac{993\ 046}{997\ 405} $$

$$ = 0.466\ 790\ 035\ 8(\text{元}) $$

保险金额为100万元时的趸缴纯保费为:

$1\ 000\ 000 \times {}_nE_x = 1\ 000\ 000 \times 0.466\ 790\ 036 = 466\ 790.036$(元)

例:一个男子在40岁时投保了一个20年期的生存保险。他一次性缴纳了1万元,已知年利率为6%,试利用中国人寿保险业经验生命表(2000—2003)中非养老金业务男表,求该男子在60岁时能获得累计值是多少?

解:保险金额为1元时的趸缴纯保费为 ${}_nE_x$,则 ${}_nE_x$ 正好是精算折现因子,$\frac{1}{{}_nE_x}$ 就是精算累积因子。故60岁时可获得的精算累计值为

$$ 10\ 000 \times \frac{1}{{}_{20}E_{40}} = 10\ 000 \times \frac{1}{v^{20} \cdot {}_{20}p_{40}} = 10\ 000 \times \frac{1}{\left(\frac{1}{1+i}\right)^{20} \cdot \frac{l_{60}}{l_{40}}} $$

$$ = 10\ 000 \times \frac{1}{\left(\frac{1}{1+6\%}\right)^{20} \cdot \frac{900\ 107}{972\ 999}} = 34\ 668.54(\text{元}) $$

2. 死亡年末给付的寿险模型

死亡年末给付的寿险:指保险金的支付是在死亡发生的年末进行的人寿保险。也分 n 年定期寿险、终身寿险和延期寿险等。这里只讨论 n 年定期寿险。

假定被保险人在年龄 x 岁投保，在保险期限 n 年内发生死亡时，保险金额为 1 元，在死亡年度末才给付。设 $K = [T]$ 是取整余命随机变量。则保险金

给付函数 $b_{K+1} = \begin{cases} 1, K = 0,1,\cdots,n-1 \\ 0, 其他 \end{cases}$

贴现函数 $v_{K+1} = v^{K+1}, (K = 0,1,\cdots,n-1)$；

现值函数 $z_{K+1} = b_{K+1}v_{K+1} = \begin{cases} v^{K+1}, K = 0,1,\cdots,n-1 \\ 0, 其他 \end{cases}$；

则 n 年定期寿险的精算现值 $A^1_{x,\overline{n}|}$ 为：

$$A^1_{x,\overline{n}|} = E(Z_{K+1}) = \sum_{k=0}^{n-1} v^{k+1} \cdot {}_kp_x \cdot q_{x+k}$$

其中，$v = e^{-\delta}$，δ 为利息强度。方差 $Var(z_T)$ 为：

$$Var(z_{K+1}) = E(z^2_{K+1}) - [E(z_{K+1})]^2 = {}^2A^1_{x,\overline{n}|} - (A^1_{x,\overline{n}|})^2$$

其中，${}^2A^1_{x,\overline{n}|} = E(z^2_{K+1}) = \sum_{k=0}^{n-1} e^{-2\delta(K+1)} \cdot {}_kp_x \cdot q_{x+k}$。

例：根据中国人寿保险业经验生命表（2000—2003 年）非养老金业务男表提供的数据，现年龄 55 岁的男性，欲投保 5 年期的定期寿险。保险金额为 1 000 元，保险金按利率 6% 在死亡年末给付。试计算趸缴纯保费。

解：保险金额为 1 元时的趸缴纯保费为：

$$A^1_{55,\overline{5}|} = \sum_{k=0}^{5-1} v^{k+1} \cdot {}_kp_{55} \cdot q_{55+k} = \sum_{k=0}^{5-1} v^{k+1} \cdot \frac{d_{55+k}}{l_{55}}$$

$$= \frac{vd_{55} + v^2d_{56} + v^3d_{57} + v^4d_{58} + v^5d_{59}}{l_{55}}, \left(v = e^{-\delta} = \frac{1}{1+i}\right)$$

$$= \frac{\frac{4\,840}{1+6\%} + \frac{5\,316}{(1+6\%)^2} + \frac{5\,914}{(1+6\%)^3} + \frac{6\,637}{(1+6\%)^4} + \frac{7\,468}{(1+6\%)^5}}{930\,283}$$

$$= 0.026\,981\,485(元)$$

保险金额为 1 000 元时的趸缴纯保费为：

$$1\,000 \times A^1_{55,\overline{5}|} = 1\,000 \times 0.026\,981\,485 = 26.981\,485(元)$$

三、非寿险精算

非寿险保险指保险人对被保险人的财产及其有关利益在发生保险责任范围内的灾害事故而遭受经济损失时给予补偿的一种保险，是除人身保险之外的各种保险，可以说是广义的财产保险。人寿保险与非人寿保险的区别见表 3 - 14。

表 3 - 14　　人寿保险与非寿险保险的区别

项目		人寿保险	非寿险保险
保险标的	对象	人的生命和身体	各种财产、收益等
	价值	无价的	可用货币衡量
保险合同	有效性	投保时对被保险人有保险利益	投保时和发生保险事故时都对保险标的有保险利益
	转让性	可转让	一般不能转让
保险期限		多为长期	多为 1 年
保险金额		没限制	不超过保险财产实际价值
保险赔付	赔付原则	不适用于补偿性原则、比例分摊原则等	适用于补偿性原则、比例分摊原则等
	赔付方式	按合同定额赔付	按实际损失确定赔付
影响因素		受利率、通货膨胀等	几乎不受利率、通货膨胀等
巨灾风险		不存在	存在
再保险运用		很少	必不可少

(一) 非寿险精算基本概念

1. 保险单位,又称危险单位,指保险的单位产品。一个保险单位的价格称为费率;所有各保险单位的费率总和称为保费。主要非寿险险种的保险单位见表 3 - 15。

表 3 - 15　　主要非寿险险种的保险单位

险种	保险单位
汽车保险	1 个汽车年度
火灾保险	每 1 000 元保险金额
家庭财产保险	每 1 000 元保险金额
海上保险	每 1 000 元保险金额
劳工补偿保险	每 1 000 元薪水
产品责任保险	每 1 000 元销售额或产品单位
职业责任保险	每一个专业人士年度
医院责任保险	每一个病床年度、病人人数或营业额
公共责任保险	每 1 000 平方米的营业面积

签单保险单位:指所签保单在某个时间内所有的保险单位数。

满期保险单位:指各个相应时间内已经承担责任的保险单位数。

有效保险单位:指给定时刻的保险单位数。

例:下面列出 400 份 1 年期的汽车保单,每份保一辆车。试分别求出 2011 年和 2012 年的满期保险单位和2012年1月1日有效保险单位见表3－16和表3－17。

表3－16　　1年期的汽车保单

生效日期	签单保险单位	
	2011年	2012年
2011年1月1日	100	0
2011年4月1日	100	0
2011年7月1日	100	0
2011年10月1日	100	0
合计	400	0

解：依题意，有：

表3－17　　满期保险单位和有效保险单位

生效日期	签单保险单位		满期保险单位		有效保险单位	
	2011年	2012年	2011年	2012年	2011年	2012年
2011年1月1日	100	0	100	0	0	
2011年4月1日	100	0	75	25	100	
2011年7月1日	100	0	50	50	100	
2011年10月1日	100	0	25	75	100	
合计	400	0	250	150	300	

2. 索赔频率：指每一个保险单位的索赔次数。计算公式为：

$$F = \frac{C}{E}$$

其中，F：表示索赔频率；

C：表示索赔次数；

E：表示保险单位数。

3. 索赔强度：指每一件赔案的平均赔款金额。计算公式为：

$$S = \frac{L}{C}$$

其中，S：表示索赔强度；

L：表示赔款金额；

C：表示索赔次数或理赔件数。

4. 纯保费：指在费率厘定的基础上，每个保险单位的平均赔款金额。计算公式为：

$$P = \frac{L}{E} = \frac{C}{E} \times \frac{L}{C} = F \times S$$

其中，P：表示纯保费；

L:表示赔款金额;

E:表示保险单位数;

F:表示索赔频率;

S:表示索赔强度。

5. 赔付率:又称损失率,指单位保费的赔款金额。赔付率等于赔款支出与保费收入之比。

6. 时间口径

(1) 日历年度:又称会计年度,指根据会计年度及会计记录账目的资料来计算保险单位、保费和损失的相关资料,以日历时间为基础来组合统计资料。相关计算公式如下:

某年度满期保费 = 当年度签单保费 - 当年度未满期保费 + 上年度未满期保费

某年度满期保险单位 = 当年度签单保险单位 - 当年度未满期保险单位 + 上年度未满期保险单位

某年度已发生赔款 = 当年度已付赔款 + 当年度未决赔款准备金 - 上年度未决赔款准备金

$$纯保费 = \frac{已发生赔款}{已满期保险单位}$$

$$赔付率 = \frac{已发生赔款}{已满期保费}$$

(2) 保单年度:指以保单签发的日期为基础来统计资料。相关计算公式如下:

保单年度满期保费 = 保单年度所签发保单中已满期的保费

保单年度满期保险单位 = 保单年度所签发保单中已满期的保险单位

保单年度已发生赔款 = 保单年度所签发保单的已发生赔款 + 未决赔款准备金

$$保单年度纯保费 = \frac{保单年度已发生赔款}{保单年度已满期保险单位}$$

$$保单年度赔付率 = \frac{保单年度已发生赔款}{保单年度已满期保费}$$

(3) 事故年度:指损失金额计算基础是在特定的1年期内所发生的所有赔案,是以事故发生日期为基础来组合统计资料。

事故年度满期保费 = 日历年度满期保费

事故年度满期保险单位 = 日历年度满期保险单位

事故年度已发生赔款 = 当年度已付赔款 + 未决赔款准备金

$$事故年度纯保费 = \frac{事故年度已发生赔款}{事故年度已满期保险单位}$$

$$事故年度赔付率 = \frac{事故年度已发生赔款}{事故年度已满期保费}$$

(4) 报告年度:指按照向保险人报告赔案的时间来组合统计资料。

报告年度满期保费 = 日历年度满期保费

报告年度满期保险单位 = 日历年度满期保险单位

报告年度已发生赔款 = 当年度已付赔款 + 未决赔款准备金

$$报告年度纯保费 = \frac{报告年度已发生赔款}{报告年度已满期保险单位}$$

$$报告年度赔付率 = \frac{报告年度已发生赔款}{报告年度已满期保费}$$

例:某保险公司从2010年1月1日开始销售一个新险种。该险种3年来的签单保费和理赔金额资料如下。保险期限为1年。现在是2012年12月31日,请用日历年度、保单年度和事故年度分别计算2011年的满期保费、已发生赔款金额和赔付率见表3-18。

表3-18　签单保费和理赔金额资料　(单位:千元)

会计年度			2010年		2011年		2012年	
签单保费			2 000		2 400		3 000	
年底未满期保费			1 100		1 320		1 650	
赔案编码	赔案发生年	赔案签单年	已付赔款	未决赔款	已付赔款	未决赔款	已付赔款	未决赔款
1	2010	2010	800					
2	2010	2010		400	560			
3	2010	2010		480		520	320	
4	2011	2011			640			
5	2011	2011				680	600	
6	2012	2012					80	
7	2012	2012						160

解:(1) 日历年度

2011年度满期保费 = 当年度签单保费 - 当年度未满期保费 + 上年度未满期保费

= 2 400 - 1 320 + 1 100 = 2 180(元)

2011年度已发生赔款 = 当年度已付赔款 + 当年度未决赔款准备金 - 上年度未决赔款准备金

= (560 + 640) + (520 + 680) - (400 + 480)

= 1 520(元)

$$2011年赔付率 = \frac{已发生赔款}{已满期保费} = \frac{1\ 520}{2\ 180} = 69.72\%$$

(2) 保单年度

因为现在是2012年12月31日,所有2011年签订的1年期保单都已经满期。

2011年保单年度满期保费 = 2011年度所签发保单中已满期的保费

= 当年度签单保费 = 2 400(元)

2011年保单年度已发生赔款 = 保单年度所签发保单的已发生赔款 + 未决赔款准备金

$$= 640 + 600 = 1\ 240(\text{元})$$

$$2011\text{年保单年度赔付率} = \frac{\text{保单年度已发生赔款}}{\text{保单年度已满期保费}} = \frac{1\ 240}{2\ 400} = 51.67\%$$

3. 事故年度

事故发生在2011年的赔案有4号和5号,且都已经赔付。

2011年事故年度满期保费 = 2011年日历年度满期保费 = 2 180(元)

2011年事故年度已发生赔款 = 当年度已付赔款 + 未决赔款准备金

$$= 640 + 600 = 1\ 240(\text{元})$$

$$2011\text{年事故年度赔付率} = \frac{\text{事故年度已发生赔款}}{\text{事故年度已满期保费}} = \frac{1\ 240}{2\ 180} = 56.88\%$$

(二) 损失分布

1. 损失次数及分布

损失次数:指某一特定时间内所预期发生的保险事故次数。用损失频率表示损失次数。常见损失分布见表3-19至表3-21。

$$\text{损失频率} = \frac{\text{发生保险事故的次数}}{\text{保险标的单位数}}$$

例:假设某保险公司在2011年承保了1 000份财产保险,保险期限为1年。在保险期限中,所承保的财产发生损失次数68次。求损失频率。

解:依题意,

$$\text{损失频率} = \frac{\text{发生保险事故的次数}}{\text{保险标的单位数}} = \frac{68}{1\ 000} = 6.8\%$$

表3-19　常见损失分布(损失次数离散型随机变量分布)

名称	分布列	期望	方差	矩母函数
泊松分布	$P(X=k)=\frac{\lambda^k e^{-\lambda}}{k!}$ $(\lambda>0, k=0,1,2,\cdots)$	λ	λ	$M(t)=e^{e^{\lambda(e^t-1)}}$
二项分布	$P(X=k)=C_n^k p^k(1-p)^{n-k}$ $(k=0,1,2,\cdots,n)$	np	$np(1-p)$	$M(t)=(pe^t+1-p)^n$
几何分布	$P(X=k)=p(1-p)^{k-1}$ $(0<p<1, k=0,1,2,\cdots,n)$	$\frac{1-p}{p}$	$\frac{1-p}{p^2}$	$M(t)=\frac{p}{1-(1-p)e^t}$
负二项分布	$P(X=k)=C_{r+k-1}^r p^r(1-p)^{k-r}$ $(r\geqslant 1, 0<p<1, k=r,r+1,\cdots)$	$\frac{r(1-p)}{p}$	$\frac{r(1-p)}{p^2}$	$M(t)=\left(\frac{p}{1-(1-p)e^t}\right)^k$ $(t<-\ln(1-p))$

2. 损失金额及分布

损失金额：指在某一特定期间内保险事故发生后，每一次保险事故所预期的损失金额的平均值。

$$损失金额 = \frac{总损失金额}{保险事故的发生次数}$$

例：在 2011 年一年中，某保险公司 1 000 个保险单位发生了 6 次风险事故，总损失金额为 300 000 元。试求损失金额。

解：依题意，

$$损失金额 = \frac{总损失金额}{保险事故的发生次数} = \frac{300\ 000}{5} = 60\ 000(元)$$

表 3－20　　　　常见损失分布（损失额连续型随机变量分布）

<table>
<tr><th colspan="2">名称</th><th>密度函数</th><th>期望</th><th>方差</th></tr>
<tr><td colspan="2">正态分布
$X\sim N(\mu,\sigma^2)$
$x\in R$</td><td>$f(x)=\frac{1}{\sqrt{2\pi}\sigma}e^{-\frac{(x-\mu)^2}{2\sigma^2}}$</td><td>$\mu$</td><td>$\sigma^2$</td></tr>
<tr><td colspan="2">对数正态分布
$\ln X\sim N(\mu,\sigma^2)$
$x>0$</td><td>$f(x)=\frac{1}{\sqrt{2\pi}\sigma x}e^{-\frac{(\ln x-\mu)^2}{2\sigma^2}}$</td><td>$e^{(\mu+\frac{\sigma^2}{2})}$</td><td>$e^{(2\mu+\sigma^2)}(e^{\sigma^2}-1)$</td></tr>
<tr><td rowspan="3">帕累托分布
$x>0$</td><td>简单参数</td><td>$f(x)=\begin{cases}\frac{\alpha}{\beta}\left(\frac{\beta}{x}\right)^{\alpha+1} & x>\beta\\ 0 & x\leqslant\beta\end{cases}$</td><td>$\frac{\alpha\beta}{\alpha-1}$
$(\alpha>1)$</td><td>$\frac{\alpha\beta^2}{\alpha-2}\left(\frac{\alpha\beta}{\alpha-1}\right)^2$
$(\alpha>2)$</td></tr>
<tr><td>一般帕累托</td><td>$f(x)=\frac{\alpha\beta^\alpha}{(\beta+x)^{\alpha+1}}$</td><td>$\frac{\beta}{\alpha-1}$
$(\alpha>1)$</td><td>$\frac{\alpha\beta^2}{(\alpha-2)(\alpha-1)^2}$
$(\alpha>2)$</td></tr>
<tr><td>广义帕累托</td><td>$f(x)=\frac{\Gamma(\alpha+k)\beta^\alpha x^{k-1}}{\Gamma(\alpha)\Gamma(k)(\beta+x)^{\alpha+k}}$</td><td>$\frac{\beta k}{\alpha-1}$
$(\alpha>1)$</td><td>$\frac{(\alpha+k-1)k\beta^2}{(\alpha-2)(\alpha-1)^2}$
$(\alpha>2)$</td></tr>
<tr><td colspan="2">伽玛分布
$X\sim\Gamma(\alpha,\beta)$
$x>0$</td><td>$f(x)=\frac{\beta^\alpha}{\Gamma(\alpha)}e^{-\beta x}x^{\alpha-1}$
$\alpha,\beta>0$</td><td>$\frac{\alpha}{\beta}$</td><td>$\frac{\alpha}{\beta^2}$</td></tr>
<tr><td colspan="2">对数伽玛分布
$\ln X\sim\Gamma(\alpha,\beta)$</td><td>$f(x)=\frac{\beta^\alpha(\ln x)^{\alpha-1}}{\Gamma(\alpha)x^{\beta+1}}$</td><td>$\left(\frac{\beta}{\beta-1}\right)^\alpha$</td><td>$\left(\frac{\beta}{\beta-2}\right)^\alpha-\left(\frac{\beta}{\beta-1}\right)^{2\alpha}$</td></tr>
<tr><td colspan="2">韦伯分布</td><td>$f(x)=c\gamma x^{\gamma-1}e^{-cx^\gamma},x>0$</td><td>$\frac{\Gamma\left(1+\frac{1}{\gamma}\right)}{c^{\frac{1}{\gamma}}}$</td><td>$\frac{\Gamma\left(1+\frac{2}{\gamma}\right)}{c^{\frac{2}{\gamma}}}-\left[\frac{\Gamma\left(1+\frac{1}{\gamma}\right)}{c^{\frac{1}{\gamma}}}\right]^2$</td></tr>
<tr><td colspan="2">卡方分布</td><td>$f(x)=\frac{1}{2^{\frac{n}{2}}\Gamma(\frac{n}{2})}x^{\frac{n}{2}}e^{-\frac{1}{2}x},x>0$</td><td>$n$</td><td>$2n$</td></tr>
</table>

3. 总损失金额及分布

总损失金额：指在某一特定时期内，保险事故发生后总共损失的数额。对等于每次事故损失金额之和。记为 S，

$$S = X_1 + X_2 + \cdots + X_N = \sum_{i=1}^{N} X_i$$

其中，S：表示总损失金额

X_i：表示第 $i(i = 1,2,\cdots,n)$ 次损失金额；

N：表示该保险标的在保险期内总共发生的损失次数。

若随机变量 $X_1,X_2,\cdots,X_N$ 是独立同分布的，则模型 $S = \sum_{i=1}^{N} X_i$ 称为短期聚合风险模型；若随机变量 $X_1,X_2,\cdots,X_N$ 是独立，但不同分布，则模型 $S = \sum_{i=1}^{N} X_i$ 称为个体风险模型。

表 3 - 21　　常见损失分布（总损失金额随机变量和的分布）

名称	分布列	期望	方差	矩母函数
复合泊松分布	$P(X = k) = \frac{\lambda^k e^{-\lambda}}{k!}$ $(\lambda > 0, k = 0,1,2,\cdots)$	λ	λ	$M(t) = e^{e^{\lambda(e^t - 1)}}$
复合二项分布	$P(X = k) = C_n^k p^k (1-p)^{n-k}$ $(k = 0,1,2,\cdots,n)$	np	$np(1-p)$	$M(t) = (pe^t + 1 - p)^n$
复合负二项分布	$P(X = k) = C_{r+k-1}^{r} p^r (1-p)^{k-r}$ $(r \geqslant 1, 0 < p < 1, k = r, r+1, \cdots)$	$\frac{r(1-p)}{p}$	$\frac{r(1-p)}{p^2}$	$M(t) = \left(\frac{p}{1-(1-p)e^t}\right)^k$ $(t < -\ln(1-p))$

例：设保险公司承保的家庭财产险损失额为 X，且 $\ln X \sim N(2,6)$。试求此类保单的单位保费？（保费 = 平均损失额 + 安全附加费，其中安全附加费是损失额标准差的百分之一）

解：依题意，平均损失额即 X 的期望

$$E(X) = e^{(\mu + \frac{\sigma^2}{2})} = e^{(2 + \frac{6}{2})} = 148.4$$

X 的方差

$$Var(X) = e^{(2\mu + \sigma^2)}(e^{\sigma^2} - 1) = e^{(2\times 2+6)}(e^6 - 1) = 8\ 864\ 084.1$$

安全附加费为

$$\frac{1}{100}\sqrt{Var(X)} = \frac{1}{100}\sqrt{8\ 864\ 084.1} = 29.772\ 6$$

故此类保单的单位保费为：

$$148.4 + 29.772\ 6 = 178.172\ 6$$

例：设某保险公司的产品责任保险保单中承保了 100 个保险单位，每一保险单位在一年内发生索赔的次数 X 服从泊松分布 $X \sim P(0.02)$。试求 2 年内这批保单不发生索赔的

概率。

解：依题意，100 个保险单位独立同分布，又泊松分布具有可加性，故这批保单在 2 年内的索赔次数 S 服从泊松分布。其参数为

$$\lambda = 0.02 \times 100 \times 2 = 4$$

则在 2 年内这批保单不发生索赔的概率为：

$$P(S = 0) = e^{-\lambda} = e^{-4} = 1.83\%$$

例：某保险公司的劳工补偿保险赔款额为 X 元，根据统计分析，$Y = \ln X \sim N(6.012, 1.792)$。试求：

(1) 某笔赔款金额大于 1 200 元的概率；

(2) 在 0 ~ 200 元之间的概率。

解：(1) 概率 $P(X > 1\,200) = P(y = \ln X > \ln 1\,200 = 7.09)$

$$= 1 - \Phi\left(\frac{7.09 - 6.012}{\sqrt{1.792}}\right) = 0.210$$

(2) $P(0 < X < 200) = P(X < 200) - P(X > 0)$

$$= \Phi\left(\frac{\ln 200 - 6.012}{\sqrt{1.792}}\right) - \Phi\left(\frac{\ln 0 - 6.012}{\sqrt{1.792}}\right) = 0.297$$

例：某保险公司为 25 家独立同质的保险单位投保职业责任保险，根据以往统计数据，每单位在一年内发生索赔的概率为 4%。试求，平均多少年会发生“在一年内有多于 4 家单位提出索赔”。

解：依题意，一年内发生索赔次数 X 服从二项分布：

$$X \sim P(X = k) = C_n^k p^k (1 - p)^{n-k}$$

有：

$$P(X = 0) = C_{25}^0 (4\%)^0 (1 - 4\%)^{25-0} = 0.360\,4$$

$$P(X = 1) = C_{25}^1 (4\%)^1 (1 - 4\%)^{25-1} = 0.375\,4$$

$$P(X = 2) = C_{25}^2 (4\%)^2 (1 - 4\%)^{25-2} = 0.187\,7$$

$$P(X = 3) = C_{25}^3 (4\%)^3 (1 - 4\%)^{25-3} = 0.060\,0$$

故“在一年内有多于 4 家单位提出索赔”的概率

$$P(X \geqslant 4) = 1 - P(X = 0) - P(X = 1) - P(X = 2) - P(X = 3)$$

$$= 1 - 0.360\,4 - 0.375\,4 - 0.187\,7 - 0.060\,0 = 0.016\,5$$

故平均 $\frac{1}{0.016\,5} = 60.606$（年）会发生多于 4 家的索赔事件。

【注】此题可以利用泊松分布进行近似计算：

一年内发生索赔次数 X 服从参数为 λ 的泊松分布 $X \sim P(\lambda)$，其中：

$$\lambda = np = 25 \times 0.04 = 1$$

根据 $P(X = k) = \frac{\lambda^k e^{-\lambda}}{k!}, (\lambda > 0, k = 0,1,2,3)$，有

$$P(X = 0) = \frac{1^0 e^{-1}}{1!} = 0.367\,9$$

$$P(X=1)=\frac{1^{1}e^{-1}}{1!}=0.3679$$

$$P(X=2)=\frac{1^{2}e^{-1}}{2!}=0.1839$$

$$P(X=3)=\frac{1^{3}e^{-1}}{3!}=0.0613$$

故“在一年内有多于 4 家单位提出索赔” 的概率

$$P(X\geqslant 4)=1-P(X=0)-P(X=1)-P(X=2)-P(X=3)=0.01899$$

故平均$\frac{1}{0.01899}=52.659$(年) 会发生多于 4 家的索赔事件。

例:某保险公司的公共责任保险保单索赔次数N服从期望为6,标准差为2的分布;单位索赔额Y服从期望为2 000,标准差为6 236 的分布。利用正态近似求:总索赔金额S不超过$2E(S)$的概率。

解:依题意,总索赔金额$S=NY$,则

$$E(S)=E(N)E(Y)=6\times 2000=12000$$

$$\begin{aligned}Var(S)&=E^{2}(Y)Var(N)+E(N)Var(Y)\\&=2000^{2}\times 2^{2}+6\times 6236^{2}=482652352\end{aligned}$$

利用正态近似,可得

$$\begin{aligned}P[S\leqslant 2E(S)]&=P\left[\frac{S-E(S)}{\sqrt{Var(S)}}\leqslant\frac{2E(S)-E(S)}{\sqrt{Var(S)}}\right]\\&=P\left[Z\leqslant\frac{12000}{\sqrt{482652352}}\right]=\Phi(0.546)=0.70744\end{aligned}$$

例:已知某保险公司的汽车保险索赔记录如表 3 - 22 所示:

表 3 - 22　　汽车保险索赔记录

年份	索赔次数	平均索赔金额
2010 年	400	3 500
2011 年	600	4 600

每年的通货膨胀率为 10% 。根据统计数据分析,知 2012 年平均索赔金额的分布是一般帕累托分布$Pareto(3,\beta)$。试求参数β的矩估计值。

解:依题意,

样本均值

$$\bar{x}=\frac{400}{400+600}\times 3500\times(1+10\%)^{2}+\frac{600}{400+600}\times 4600\times(1+10\%)=4730$$

又　$$E(X)=\frac{\beta}{\alpha-1}=\frac{\beta}{3-1}=\bar{x}=4730$$

得　$\beta=9460$

例:某保险公司 2011 年职业责任保险抽取 100 个赔款样本如表 3 - 23 所示。

表 3 - 23　　　　赔款样本数据

索赔额	频数	索赔额	频数
400 以下	2	2 000 ~ 2 400	6
400 ~ 800	24	2 400 ~ 2 800	3
800 ~ 1 200	32	2 800 ~ 3 200	1
1 200 ~ 1 600	21	3 200 以上	1
1 600 ~ 2 000	10	总数	100

已知赔款额服从对数正态分布。试求参数(μ,σ^2)的矩估计，并求赔款额超过 3 600 元的概率。

解：依题意，样本均值和方差分别为：

$$\bar{x} = 200 \times \frac{2}{100} + 600 \times \frac{24}{100} + \cdots + 3\ 000 \times \frac{1}{100} + 3\ 400 \times \frac{1}{100} = 1\ 216$$

$$\bar{s} = \left(200^2 \times \frac{2}{100} + 600^2 \times \frac{24}{100} + \cdots + 3\ 000^2 \times \frac{1}{100} + 3\ 400^2 \times \frac{1}{100}\right) - 1\ 216^2 = 362\ 944$$

根据矩估计法，有

$$E(X) = e^{(\mu + \frac{\sigma^2}{2})} = \bar{x} = 1\ 216$$

$$Var(X) = e^{(2\mu + \sigma^2)}(e^{\sigma^2} - 1) = \bar{s} = 362\ 944$$

解得，$\mu = 6.993$，$\sigma = 0.469$。

赔款额超过 3 600 元的概率为：

$$P(X > 3\ 600) = 1 - P(X \leqslant 3\ 600) = 1 - P(\ln X \leqslant \ln 3\ 600)$$

$$= 1 - P\left(\frac{\ln X - E(X)}{\sqrt{Var(X)}} \leqslant \frac{\ln 3\ 600 - E(X)}{\sqrt{Var(X)}}\right)$$

$$= 1 - P\left(Z \leqslant \frac{\ln 3\ 600 - 6.993}{0.469}\right) = 1 - \Phi(2.549)$$

$$= 1 - 0.994\ 6 = 0.54\%$$

第四章 证券市场统计分析

第一节 证券市场统计概述

《货币与金融统计手册》(2000)定义金融资产为经济资产的一部分。机构单位独自或共同对某种存在行使所有权,在一个时期内持有或使用资产会给它们带来经济利益。

非股票证券是可流通的工具,用来证明有关单位有义务通过提供现金、金融工具或具有经济价值的其他项目进行结算。证券提供了债权存在的证据,并规定了利息和本金支付的时间表。常见证券包括政府国库券、政府债券、公司债券、商业票据和存款性公司发行的大额存单等。

股票和其他股权是指确认对公司残值要求权(在所有债权人的债权得到满足后)的所有工具和记录。股权的拥有通常以股票、参与证书等为凭证。

金融衍生产品是一种合约,是与特定金融工具、指标或商品挂钩的金融工具,通过这种金融工具可以独立地在金融市场上针对特定的金融风险(如:利率风险、货币、股票和商品价格风险、信用风险等)进行交易。金融衍生产品有两大类:远期类合约和期权合约。远期类合约是无条件的,双方同意在特定日期按议定价格(合约价格)交换特定数量的项目(实际或金融项目)。期权合约是购买者从出售方那里获得在特定日期或之前按合约价格购买(或出售,取决于是期买权还是期卖权)特定项目的权利。

SNA2008 中对上述金融资产作了进一步阐述。

债务性证券是指作为债务证明的可转让工具。包括票据、债券、可转让存款证、商业票据、债权证、资产支持证券和通常可在金融市场交易的类似工具。债务性证券可分为短期债务性证券(原始到期日为一年及以下)和长期债务性证券(原始到期日长于一年以上)。

票据是赋予持有者在约定日期收取预先声明的固定数额的无条件权利的证券。债券和债权证是赋予持有者收取固定付款或合约规定的可变付款的无条件权利的证券,即利息收益不取决于债务人的收益;债券和债权证还赋予持有者在约定日期收取固定金额作为本金偿还的无条件权利。可转让存款证、国库券、银行承兑汇票和商业票据都是短期证券。银行承兑汇票指由金融公司对汇票进行承兑,是在约定日期支付约定数额的一种无条件承诺。资产支持证券和抵押债务凭证是利息和本金的支付要以特定资产支付或收入流为支撑的一种安排;资产支持证券可由抵押贷款和信用卡贷款等金融资产、非金融资产或未来收入流来支撑。非参与优先股(指支付固定收入但在法人企业解散时不能参与剩余价值分配的股票)也归入债务性证券。

股权和投资基金份额是指持有者对发行单位的资产有剩余索取权。股权代表机构单位中持有者的资金,股权持有者没有获得预定数额或按固定公式计算的数额的权利,股权是发行机构单位的负债。股权包括证明对清偿了债权人全部债权后的公司或准法人公司的剩余价值有索取权的所有票据和记录。法人权益的所有权通常以股份、股票、存托凭证、参股证或类似的文件为凭证。

股份和股票含义相同。存托凭证是方便证券所有权在其他经济体上市的证券;受托者发行的在某一交易所上市的证券代表了在另一交易所上市的证券的所有权。参与优先股是向参与者提供法人企业解散时的剩余价值的股份。股权还可分为:上市股票、非上市股票和其他股权。上市股票和非上市股票都是可转让的,属于权益性证券。上市股票(又称挂牌股票)是指在交易所上市的权益性证券;非上市股票(又称私募股权)是指未在交易所上市的权益性证券;其他权益指非证券形式的权益。

投资基金份额是投资在其他资产上的一种集体投资,指共同基金发行的股份,而不是共同基金持有的股份。投资基金是将投资者的资金集中起来投资于金融或非金融资产的集体投资,包括共同基金和单位信托基金。投资基金可分为:货币市场基金(MMF)和非货币市场基金。货币市场基金是仅投资或主要投资于国库券、存款证和商业票据等可转让的短期货币市场证券的投资基金;非货币市场基金投资长期金融资产及房地产等不可转让的长期货币市场工具。

金融衍生工具是与某种特定金融工具、指标或商品挂钩的金融工具,通过金融衍生工具,特定的金融风险本身可以在金融市场上交易。金融衍生产品的远期类合约和期权合约两大类,其主要区别是远期合约的每一方都是潜在的债务人;期权合约的买方获得资产,立权方产生负债。但期权合约到期时经常是无价值的;期权持有者只有合约结算对其有利时才会行使期权。

期权是赋予期权购买者如下权利(但不是义务)的一种合约,即期权购买者可按事先约定的价格(执行价格),在某一时期(美式期权)或某一日期(欧式期权),购买(买进期权)或出售(卖出期权)某一特定金融工具或商品。期权可在股票、利率、外币、商品和特定指数等多种标的物基础上出售或立权。远期合约是一种在特定日期具有结算义务的无条件金融合约,远期合约的双方同意按合约规定的价格(执行价格)在特定日期交换约定数量的标的物(实物或金融资产)。期货合约是在有组织的交易所交易的远期合约。常见的远期合约类别包括利率互换、远期利率协议(FRA)、外汇互换、远期外汇合约和交叉货币利率互换等。信用衍生工具是以交易信用风险为主要目的的金融衍生工具。

一、证券

证券是多种经济权益(各类财产所有权或债权)凭证的通称,是用来证明证券持有人有权依票面内容,取得相关权益的凭证。本质是一种交易契约或合同,该契约或合同赋予合同持有人根据该合同的规定,对合同规定的标的采取相应的行为,并获得相应的收益的权利。按其性质,不同证券分为证据证券、凭证证券、有价证券等。有价证券是一种具有一定票面金额,证明持券人或证券指定的特定主体拥有所有权或债权的凭证。钞票、邮票、印花税票、股票、债券、国库券、商业本票、承兑汇票、银行定期存单等，都是有价证券。但一般市场上说的证券交易，应该特指证券法所规范的有价证券，钞票、邮票、印花税票等，就不在这个范围了。证券交易被限缩在证券法所说的有价证券范围之内。

证券起源于400年前。1603年，在荷兰共和国大议长奥登巴恩维尔特的主导下，荷兰联合东印度公司成立，这是世界上第一个联合的股份公司。为了融资，他们发行股票，公司承诺对这些股票分红。1609年，世界历史上第一个股票交易所诞生在阿姆斯特丹。

新中国证券市场起于20世纪80年代。1984年11月，中国第一股——上海飞乐音响股份公司成立。1985年1月，上海延中实业有限公司成立，全部以股票形式向社会筹资，这是新中国第一家公开向社会发行股票的集体所有制企业。1986年9月26日，新中国第一家代理和转让股票的证券公司——中国工商银行上海信托投资公司静安证券业务部宣告营业，从此恢复了我国中断了30多年的证券交易业务。1987年5月，深圳市发展银行首次向社会公开发行股票，成为深圳第一股。1990年11月26日，上海证券交易所成立。1991年4月，经国务院授权中国人民银行批准，深圳证券交易所成立，7月3日正式营业。1991年7月15日，上海证券交易所开始向社会公布上海股市8种股票的价格变动指数，以准确反映上海证券交易所开业以后上海股市价格的总体走势，为投资者入市及从事研究提供重要依据。1991年8月28日，中国证券业协会在北京成立。1991年10月31日，中国南方玻璃股份有限公司与深圳市物业发展（集团）股份有限公司向社会公众招股，这是中国股份制企业首次发行B股。1992年1月，一种叫“股票认购证”的票证在上海向市民公开发售。股票认购证的发行象征我国的股份制改革一个开端，证券市场从此进入了前所未有的高速增长期。1992年1月19日，邓小平的南巡加快了证券市场的步伐。1992年1月13日，兴业房产股份有限公司股票在上海证券交易所上市交易，它是上海证券交易所开业后第一家新上市的股票，也是全国唯一上市交易的不动产股票。1992年2月2日，上海申银证券公司与上海联合纺织实业股份有限公司签订协议，发行我国第一张中外合资企业股票。1992年2月21日，上海真空电子器件股份有限公司人民币特种股票上市。这是我国第一张上市交易的B股股票。1992年3月2日，进行1992股票认购证首次摇号仪式。1992年3月21日，全面放开股价，实行自由竞价交易。1992年7月7日，深圳原野股票停牌。1992年8月10日，深圳发售1992年新股认购抽签表，出现百万人争购抽签表的场面，并发生震惊全国的“8.10风波”。1992年8月11日，上海股市第一次狂泻，三天之内，上证指数暴跌400余点。1992年10月19日，深圳宝安企业（集团）股份有限公司发行1992年认股权证，发行总量为26 403 091张。这是中国首家发行权证的上市企业。1992年12月，由中国人民银行上海分部、上海社会科学院、上海证券交易所、上海各大专业银行及证券公司等联合编审的《上海证券年鉴·1992》由上海人民出版社出版，是中国大陆第一本证券年鉴。1993年4月13日，深圳证券交易所的股市行情借助卫星通信手段传送到北京亚运村的建行北京信托投资公司证券部。这是我国首次利用卫星通信技术传送行情。1993年4月22日，国务院令第112号《股票发行与交易管理暂行条例》正式颁布实施。1993年5月3日，上海证券交易所分类股价指数首日公布。上证分类指数分为工业、商业、地产业、公用事业及综合共五大类。1993年5月5日，国家工商行政管理局正式公布我国首部期货市场法规——《期货经纪公司登记管理暂行办法》。1993 年 5 月 22 日,国务院证券委员会决定,STAQ 和 NET 两系统的法人股交易市场进行整顿,暂不批准新的法人股上市交易。1993 年 6 月 1 日,上海、深圳证券交易所联合编制的“中华股价指数”正式向各会员公司和国内外信息媒介发布,这是证券市场发展进程中又一“界标”。1993 年 6 月 29 日,青岛啤酒股份有限公司在香港正式招股上市,成为中国内地首家在香港上市的国有企业。1993 年 7 月 7 日,国务院证券委员会发布《证券交易所管理暂行办法》。全文共分 8 章,分别就证券交易所的设立、组织、活动、解散等具体问题做了详细规定。1993 年 8 月 6 日,上海证券交易所所有上市 A 股均采用集合竞价。

现在,中国证监会将证券业机构划分为:证券交易所、期货交易所、证券结算公司、证券公司和基金管理公司。

二、证券市场

证券市场是证券发行和交易的场所。从广义上讲,证券市场是指一切以证券为对象的交易关系的总和。从经济学的角度,证券市场定义为:通过自由竞争的方式,根据供需关系来决定有价证券价格的一种交易机制。在发达的市场经济中,证券市场是完整的市场体系的重要组成部分,它不仅反映和调节货币资金的运动,而且对整个经济的运行具有重要影响。证券市场的三个最基本功能:融通资金、资本定价和资本配置,派生出转换机制、宏观调控和分散风险等功能。

1. 证券市场的构成要素主要包括证券市场参与者、证券市场交易工具和证券交易场所等三个方面。

(1)市场参与者包括证券发行人、证券投资者、证券市场中介机构、自律性组织和证券监管机构。

证券发行人是指为筹措资金而发行债券、股票等证券的政府及其机构、金融机构、公司和企业。证券发行人是证券发行的主体。

证券投资者是证券市场的资金供给者,也是金融工具的购买者。证券投资者可分为机构投资者和个人投资者两大类。机构投资者是指相对于中小投资者而言拥有资金、信息、人力等优势,能影响某个证券价格波动的投资者,包括企业、商业银行、非银行金融机构(如养老基金、保险基金、证券投资基金)等。个人投资者是指从事证券投资的居民,他们是证券市场最广泛的投资者。

证券市场中介机构是指为证券的发行与交易提供服务的各类机构,包括证券公司和其他证券服务机构,常称为证券中介机构。中介机构是连接证券投资者与筹资人的桥梁,证券市场功能的发挥,很大程度上取决于证券中介机构的活动。

自律性组织包括证券交易所和证券行业协会。根据《中华人民共和国证券法》的规定,证券交易所是提供证券集中竞价交易场所的不以营利为目的的法人。证券业协会是证券行业的自律性组织,是社会团体法人。证券登记结算机构是为证券交易提供集中登记、存管与结算业务,不以盈利为目的的法人。

证券监管机构是指中国证券监督管理委员会及其派出机构,它是国务院直属的证券管理监督机构,依法对证券市场进行集中统一监管。

(2)证券交易工具主要包括政府债券(包括中央政府债券和地方政府债券)、金融债券、公司(企业)债券、股票、基金及金融衍生证券等。

(3)证券交易场所包括场内交易市场和场外交易市场两种形式。场内交易市场是指在证券交易所内进行的证券买卖活动,这是证券交易场所的规范组织形式;场外交易市场是在证券交易所之外进行证券买卖活动,它包括柜台交易市场(又称店头交易市场)、第三市场、第四市场等形式。

2. 证券市场的结构是指证券市场的构成及其各部分之间的量比关系。常见最基本的证券市场的结构有以下几种:

(1)层次结构

层次结构按证券进入市场的顺序而形成的结构关系。可分为发行市场和交易市场。证券发行市场又称为"一级市场"或"初级市场",是发行人以筹集资金为目的,按照一定的法律规定和发行程序,向投资者出售新证券所形成的市场。证券交易市场又称为"二级市场"或"次级市场",是已发行证券通过买卖交易实现流通转让的市场。

(2)多层次资本市场

多层次资本市场体现为区域分布、覆盖公司类型、上市交易制度以及监管要求的多样性。根据所服务和覆盖的上市公司类型,分为全球市场、全国市场、区域市场;根据上市公司规模、监管要求等差异,分为主板市场、二板市场(创业板或高新企业板)等。

(3)品种结构

品种结构依有价证券的品种而形成。分为股票市场、债券市场、基金市场、衍生品市场。

(4)交易场所结构

交易场所结构按交易活动是否在固定场所进行分为有形市场和无形市场。有形市场称为"场内市场",指有固定场所的证券交易所市场。把无形市场称为"场外市场",指没有固定场所的证券交易所市场。

(5)纵向结构关系

纵向结构关系是一种按证券进入市场的顺序而形成的结构关系。按这种顺序关系划分,证券市场的构成可分为发行市场和交易市场。

证券发行市场又称"一级市场"或"初级市场",是发行人以筹集资金为目的,按照一定的法律规定和发行程序,向投资者出售证券所形成的市场。

证券交易市场是已发行的证券通过买卖交易实现流通转让的场所。相对于发行市场而言,证券交易市场又称为"二级市场"或"次级市场"。

证券发行市场与交易市场紧密联系、互相依存、互相作用。发行市场是交易市场的存在基础,发行市场的发行条件及发行方式影响着交易市场的价格及流动性。而交易市场又能促进发行市场的发展,为发行市场所发行的证券提供了变现的场所,同时交易市场的证券价格及流动性又直接影响发行市场新证券的发行规模和发行条件。

(6)横向结构关系

横向结构关系是依有价证券的品种而形成的结构关系。这种结构关系的构成主要有股票市场、债券市场、基金市场以及衍生证券市场等子市场,并且各个子市场之间是相互联系的。

股票市场是股票发行和买卖交易的场所;债券市场是债券发行和买卖交易的场所;基金市场是基金证券发行和流通的市场;衍生证券市场是以基础证券的存在和发展为前提的。

3. 证券市场的形成与发展

证券的出现历史悠久,但证券市场的出现历史并不很长,当证券的发行与转让公开通过市场进行时,证券市场才随之出现。大体可分为证券市场的形成、发展和完善三个阶段。

(1)证券市场的形成阶段(17 世纪初——18 世纪末)

16 世纪初法国的里昂、比利时的安特卫普已经有了国家债券的证券交易活动。17 世纪初,随着股份公司(所有权与经营权相分离)形成和发展起来,使得股票、债券等进入了有价证券交易的行列。1602 年,在荷兰的阿姆斯特丹成立了世界上第一家股票交易所。1773 年,英国的第一家证券交易所在"乔纳森咖啡馆"成立,1802 年获得英国政府的正式批准。这家证券交易所即为现在伦敦证券交易所的前身。该交易所的交易品种最初是政府债券,此后公司债券和矿山、运河股票后进入交易所交易。1790 年,美国第一家证券交易所——费城证券交易所宣布成立,从事政府债券等有价证券的交易活动。1792 年 5 月 17 日,24 名经纪人在华尔街的一棵梧桐树下聚会,商订了一项名为"梧桐树协定"的协议,约定每日在梧桐树下聚会,从事证券交易,并订出了交易佣金的最低标准及其他交易条款。1817 年,这些经纪人共同组成了"纽约证券交易会",1863 年改名为"纽约证券交易所",这便是著名的纽约证券交易所的前身。在 18 世纪,包括铁路、运输、矿山、银行等行业中股份公司成为普遍的企业组织形式,其股票以及各类债券都在证券市场上流通,这标志着证券市场已基本形成。

当然,这一时期证券市场具有信用工具很单一(主要是股票、债券两种形式)、证券市场规模小、立法不完善和分散等特点。

(2)证券市场的发展阶段(19 世纪初——20 世纪 20 年代)

从 18 世纪 70 年代开始的工业革命,到 19 世纪工业革命推动了机器制造业的迅速发展,使得股份公司得到了极大的发展,从而使有价证券发行量和结构不断增加变化。除政府公债,公司股票和企业债券急速加大。加强了证券管理:1862 年,英国颁布了股份公司条例;1867 年,法国颁布了公司法;1892 年,德国通过了有限责任公司法;1894 年,日本制定的证券交易法。发展了证券交易市场:1877 年,苏黎世证券交易所创建;1878 年,日本东京证券交易市场形成;1891 年,香港股票经纪协会成立了,1914 年改为香港证券交易所。

这一阶段的证券市场具有股份公司成为主要企业组织形式、有价证券发行量扩大、证券市场规范化管理和证券交易市场大力发展等特点。

(3)证券市场的完善阶段(20 世纪 30 年代以来)

1929—1933 年爆发的资本主义世界最严重深刻的经济危机,严重地影响了证券市场,到 1932 年 7 月 8 日,道琼斯工业股票价格平均数只有 41 点,仅为 1929 年最高水平的 11%。大危机使各国政府清醒地认识到加强对证券市场管理的必要性和紧迫性。世界各国政府纷纷制订证券市场法规和设立管理机构，使证券交易市场趋向法制化。1933—1940 年期间，美国先后制定了证券交易法、证券法、信托条款法、投资顾问法、投资银行法等。

第二次世界大战结束后，证券市场迅速恢复和发展。20 世纪 70 年代以后，证券市场出现高度繁荣，呈现金融证券化、证券市场多样化、证券投资法人化、证券市场法制化、证券市场网络化、证券市场国际化和金融创新不断深化等特点。

(4)我国证券市场的发展历史

早在一千多年前的唐代，我国出现了兼营银、银业的邸店、质库等；到了宋代，已有了专营银、钱、钞行交易的钱馆、钱铺。明代中叶，产生了证券市场的早期形态——钱业市场。从清代开始，随着帝国主义的入侵，外国纸币的侵入，货币兑换和买卖业务活跃，上海、杭州、宁波和苏州等地成为全国早期钱业市场的中心。成为我国证券市场的最初形态和旧中国金融市场的重要组成部分。

鸦片战争以后，外商在中国开辟商埠，把外国股份集资的方法带入中国，中国出现了股票这种投资工具。1894 年，为了应付甲午战争费用，清政府发行了“息债商款”债券，从此，政府公债大量发行。随之证券交易市场也发展起来。早在 1869 年，上海已有买卖外国公司股票的外国商号“捐客总会”。1891 年，外商在上海成立了上海股份公所，1905 年改名为“上海众业公所”，这是旧中国最早的证券交易所。1913 年，成立了“上海股票商业公会”，1914 年，北洋政府颁布《证券交易所法》，1918 年，经北洋政府批准，成立了“北平证券交易所”，这是全国第一家由中国人创办的证券交易所。1920 年，经北洋政府批准，“上海股票商业公会”正式改组为“上海华商证券交易所”；1921 年，北洋政府又批准成立了“天津证券物品交易所”。

1952 年，中国人民政府宣布所有的证券交易所关闭停业；1958 年国家停止向外借款；1959 年终止了国内政府债券的发行。随后的 20 多年，我国不再存在证券市场。1978 年 12 月 18 日至 22 日党的十一届三中全会以后，随着我国经济体制改革，我国的证券市场也便在改革中应运而生。1981 年，国家开始发行国库券，债券种类由国家债券扩展到金融债券、企业债券、国际债券的发行。1984 年 9 月，北京成立了第一家股份有限公司——天桥百货股份有限公司，并发行了股票；同年 11 月，由上海电声总厂发起成立的上海飞乐音响股份有限公司向社会公开发行股票。现在股票发行涉及境内人民币普通 A 股、供境内外法人和自然人购买的人民币特种股票 B 股以及在境外发行的 H 股和 N 股等。

随之证券交易市场出现。1986 年 8 月，沈阳信托投资公司第一次面向社会开办了证券交易业务，之后，沈阳市建设银行信托投资公司和工商银行沈阳证券公司也开办了这项业务。1986 年 9 月，上海市几家专业银行的信托部门及信托投资公司开办了股票“柜台交易”，1988 年 4 月和 6 月，财政部先后在全国 61 个大中城市进行转让市场的试点。到 1990 年，全国证券场外交易市场已基本形成。1990 年 11 月 26 日，国务院授权中国人民银行批准的上海证券交易所宣告成立，并于 1990 年 12 月 19 日正式营业，成为我国第一家证券交易所；1991 年 4 月 11 日，我国另一家由中国人民银行批准的证券交易所——深圳证券交易所也宣告成立，并于同年 7 月 3 日正式营业。两家证券交易所的成立，标志着我国证券市场由分散的场外交易进入了集中的场内交易。同时,在全国的一些大中城市如武汉、天津、沈阳、大连等地还成立了27家证券交易中心。1990年10月,中国人民银行建立了全国证券交易所自动报价系统(STAQS),为会员提供有价证券的买卖价格信息以及报价、交易、交割和结算等方面的服务。1993年2月,经中国人民银行批准,又一家证券交易网"中国证券交易系统有限公司"(NET)宣布成立。中证交NET系统中心设在北京,以通信卫星连接全国各地的计算机网络,为证券交易提供服务、交易、清算、交割和托管服务,提供证券市场的投资咨询及信息服务。该系统1993年4月28日正式开业,至1994年,该系统卫星通信网络覆盖了全国100多个城市,入网证券商达几十家。直到1998年,我国证券交易市场一度形成了以"两所两网"为主体、集中与分散相结合的层次化特征。

三、证券市场中介市场

证券市场中介机构是指为证券的发行与交易提供服务的各类机构,是连接证券投资人与筹资人的桥梁,是证券市场运行的组织系统。在证券市场起中介作用的机构是证券公司和其他证券服务机构,通常把两者合称为证券中介机构。

(一)证券公司

证券公司又称证券商,是指依照《中华人民共和国公司法》规定和经国务院监督管理机构批准从事证券经营业务的有限责任公司或股份有限公司。证券公司的主要业务有证券经纪、证券投资咨询、财务顾问、证券承销和保荐、证券自营、证券资产管理、其他证券业务等。我国证券监督管理部门按照审慎监管的原则,根据各项业务的风险程度,设定分类准人条件。

2004年,根据《国务院关于推进资本市场改革开放和稳定发展的若干意见》的精神,中国证监会、中国证券业协会在现有监管框架下制定了"创新试点公司"的评审办法,允许认可的证券公司从事集合理财、权证创设等创新业务。

(二)证券服务机构

证券服务机构是指依法设立的从事证券服务业务的法人机构,主要包括证券登记结算公司、证券投资咨询公司、会计师事务所、资产评估机构、律师事务所和证券信用评级机构等。

第二节　债券市场统计分析

一、债券

债券指发行人或债务人承诺到期后偿还给投资人或债权人所借款项加上事先约定的利息的凭证或契约。主要包括票面面值、期限、利息及利息支付方式。

根据不同标准,可对债券进行分类:

按期限不同，债券可分为：短期债券（1 年内）、中期债券（1 ~5 年）和长期债券（5 年以上）。

按债券附有权益与否，债券可分为：普通债券、息票债券、贴现债券、可转让债券和附有认股权证债券。

按募集方式不同，债券可分为：公募债券和私募债券。

按利率固定与否，债券可分为：固定利率债券和浮动利率债券。

二、债券市场统计分析

债券市场：指为债券买卖提供交易的场所，分为一级市场和二级市场。一级市场指交易新发行债券的市场；二级市场指交易已经发行的、但尚未到期的债券市场。

例：已知交易所政府债券交易统计相关数据，请进行统计分析见表 4 -1。

表 4 -1　　交易所政府债券交易统计表

Treasury Bonds Trading in Stock Exchanges

时期	总计 Total						上交所 Shanghai Stock Exchange				深交所 Shenzhen Stock Exchange			
	国债交易合计 T - Bond Transaction in Total		现货 Spot Trading		回购 Repo. Trading		现货 Spot Trading		回购 Repo. Trading		现货 Spot Trading		回购 Repo. Trading	
	成交金额（亿元）Turnover of Trading (100 Million Yuan)	成交量（万手）Trading Volume (10 Thousand Lots)	成交金额（亿元）Turnover of Trading (100 Million Yuan)	成交量（万手）Trading Volume (10 Thousand Lots)	成交金额（亿元）Turnover of Trading (100 Million Yuan)	成交量（万手）Trading Volume (10 Thousand Lots)	成交金额（亿元）Turnover of Trading (100 Million Yuan)	成交量（万手）Trading Volume (10 Thousand Lots)	成交金额（亿元）Turnover of Trading (100 Million Yuan)	成交量（万手）Trading Volume (10 Thousand Lots)	成交金额（亿元）Turnover of Trading (100 Million Yuan)	成交量（万手）Trading Volume (10 Thousand Lots)	成交金额（亿元）Turnover of Trading (100 Million Yuan)	成交量（万手）Trading Volume (10 Thousand Lots)
2011 年累计	200 841.33	2 009 998.78	1 252.92	13 483.15	199 588.41	1 996 515.63	1 242.90	12 469.05	199 581.50	1 995 814.97	10.02	1 014.10		
2012.01	17 482.78	174 824.13	62.12	617.46	17 420.67	174 206.67	62.09	614.08	17 420.67	174 206.67	0.03	3.38	0.00	0.00
2012.02	26 317.17	263 480.53	79.03	1 099.11	26 238.14	262 381.42	75.56	749.13	26 238.14	262 381.42	3.47	349.98	0.00	0.00
2012.03	24 983.07	249 834.77	89.24	896.53	24 893.82	248 938.24	89.09	881.58	24 893.82	248 938.24	0.15	14.95	0.00	0.00
2012.04	22 151.76	221 706.20	62.40	812.59	22 089.36	220 893.61	60.30	602.05	22 089.36	220 893.61	2.10	210.54	0.00	0.00
2012.05	28 928.10	289 259.84	113.11	1 109.94	28 814.99	288 149.90	113.03	1 101.47	28 814.99	288 149.90	0.08	8.47	0.00	0.00
2012.06	28 525.03	285 237.39	72.00	707.03	28 453.04	284 530.36	71.94	701.33	28 453.04	284 530.36	0.06	5.70	0.00	0.00
2012 年累计	148 387.92	1 484 342.87	477.90	5 242.67	147 910.02	1 479 100.20	472.01	4 649.65	147 910.02	1 479 100.20	5.89	593.02	0.00	0.00

数据来源：中国人民银行网站

三、债券定价模型

债券价格的确定，取决于债券的期望值（即本金加利息）、债券的还本期限和市场利率水平。

债券的定价，因债券的付息方式和付息次数不同，具有不同的定价模型。

（一）付息发行和期满 1 年还本付息的债券定价模型

$$V = M\left(\frac{1}{1+r}\right)^{n}$$

其中，V：表示债券的现值；

r：表示债券的贴现率或市场利率；

n：表示债券的时间期限（以年为单位）；

M:表示债券的期值;$M = MV \times (1 + nr)$,MV:债券的面值。

例:某债券期限为10年,年利率为6%,面值为100元。持有人在持有7年时想出售该债券。试问,该债券的转让价格是多少?

解:债券的期值为

$$M = MV \times (1 + nr) = 100 \times (1 + 10 \times 6\%) = 160(\text{元})$$

则债券的现值为:

$$V = M\left(\frac{1}{1 + r}\right)^3 = 160 \times \left(\frac{1}{1 + 6\%}\right)^3 = 134.34(\text{元})$$

即该债券的转让价格为134.34元。

(二)有效期限内分次付息的债券定价模型

$$V = \sum_{t=1}^{n} \frac{C_t}{(1 + r)^t} + \frac{MV}{(1 + r)^n}$$

其中,V:表示债券的现值;

r:表示债券的折现率或市场利率;

C_t:表示每年支付的利息金额;

n:表示债券的时间期限(以年为单位);

MV:债券的面值。

例:某投资者持有一份5年期债券,还有2年到期。债券面值为100元,年利率为8%,每半年支付一次利息。资本的市场收益率为10%。试问该债券的现值是多少?

解:依题意,$MV = 100$元,$C_t = \frac{100 \times 8\%}{2} = 4$元,$r = 5\%$,$n = 4$,则该债券的现值为:

$$V = \sum_{t=1}^{4} \frac{C_t}{(1 + r)^t} + \frac{MV}{(1 + r)^4} = \sum_{t=1}^{4} \frac{4}{(1 + 5\%)^t} + \frac{100}{(1 + 5\%)^4} = 96.45(\text{元})$$

(三)贴现付息发行和到期偿还票面金额的债券定价模型

$$V = MV - MV \times r \times n$$

其中,V:表示债券的现值;

r:表示贴现利率;

n:表示债券的时间期限(以年为单位);

MV:债券的面值。

例:某公司在2012年3月31日发行了一种债券面值为100元的短期金融债券,2012年12月31日到期偿还。现一投资者持有该债券5个月后欲转让。已知贴现利率为9%。试求该债券的现值。

解:依题意,期限 $n = \frac{270 - 150}{360} = \frac{1}{3}$(年),则该债券的现值为:

$$V = MV - MV \times r \times n = 100 - 100 \times 9\% \times \frac{1}{3} = 97(\text{元})$$

第三节　股票市场统计分析

一、股票

股票,又称股权,是指股份公司发行的、表示股东按其持有的股份享受权益和承担义务的所有权凭证。股东具有剩余索取权和剩余控制权。

剩余索取权指股东只能索取公司在利润分配时对债务付息后的剩余收益或在破产时清偿完债务后的剩余资产,同时,股东只承担其出资额为限的有限责任。

剩余控制权指股东有权通过投票的方式决定公司的重大经营决策。

股票可以根据不同标准进行分类:

按股东权利不同,分为普通股和优先股。普通股指证券交易所上市交易的股票,其股息收益和价格主要决定于公司经营状况和红利分配政策,具有剩余索取权;优先股指在剩余索取权(即利润分红及剩余财产分配)的权利方面优先于普通股,但在剩余控制权方面不及普通股,一般不上市流通和不具有表决权。

按股票发行和交易范围不同,我国分为A股、B股、H股、N股和S股。A股的正式名称是人民币普通股票,是由我同境内的公司发行,供境内机构、组织或个人(不含台、港、澳投资者)以人民币认购和交易的普通股股票。B股的正式名称是人民币特种股票,是以人民币标明面值,以外币认购和买卖,在境内(上海、深圳)证券交易所上市交易的,其投资人限于:外国的自然人、法人和其他组织,中国香港、澳门、台湾地区的自然人、法人和其他组织,定居在国外的中国公民,中国证监会规定的其他投资人。H股也称国企股,是经证监会批准,注册在内地,在香港市场上市,供境外投资者认购和交易的股票。N股指在中国大陆注册,纽约上市的外资股。S股指企业的注册地在内地,在新加坡上市的股票。

二、股票市场统计分析

股票市场指为股票提供交易的场所,分为发行市场和流通市场。

股票发行市场:又称一级市场,指公司直接或通过中介机构将新发行的股票出售给投资者的市场。

股票流通市场:又称二级市场,指已发行股票交易的场所,分有形市场(证券交易所)和无形市场(网络化证券报价系统市场)。

股票价格指数:指反映整个股票市场总体价格水平及其变动情况的指标。著名的股价指数有:道·琼斯指数、标准普尔指数、摩根斯坦利资本国际(MSCI)指数、富时(FTSE)指数、香港恒生指数、纽约证券交易所综合指数、日经平均数指数,以及我国的上证指数和深证指数。

股票价格:指股票在市场上买卖的价格。表示为:

$$\text{股票价格}(P) = \frac{\text{预期股息}(D)}{\text{银行利率}(I)}$$

可见,预期股息和银行利率是影响股票价格的基本因素。此外,影响股票价格还涉及一系列的主客观因素。影响股票价格的主观因素主要在于上市公司的声誉、经营盈利状况和预期发展前景等。影响股票价格的客观因素主要在于经济因素(国内生产总值、通货膨胀、金融政策制定等)、政治因素(国际形势、重大政治事件或战争等)、心理因素(投资偏好、投资心理乘数)和投机因素等。

例:下面给出全国股票交易统计表相关数据,请进行数据分析见表4-2和表4-3。

表4-2 全国股票交易统计表

Statistics of Stock Trading on Nationwide Basis

时期	总股本(亿股) Volume Issued (100 Million Shares)		市价总值(亿元) Total Market Capitalization (100 Million Yuan)		成交金额(亿元) Turnover of Trading (100 Million Yuan)		成交量(百万股) Trading Volume (One Million Shares)	
	上海 Shanghai	深圳 Shenzhen	上海 Shanghai	深圳 Shenzhen	上海 Shanghai	深圳 Shenzhen	上海 Shanghai	深圳 Shenzhen
2011年累计					237 555.30	184 089.26	2 119 291.17	1 276 365.58
2012.01	23 498.87	6 303.28	155 020.92	65 898.36	9 075.13	7 551.87	104 855.77	69 229.11
2012.02	23 525.67	6 318.51	164 763.61	74 046.91	17 746.36	15 915.62	195 633.45	141 683.41
2012.03	23 790.92	6 374.34	154 942.35	69 762.55	20 326.76	18 302.61	210 120.09	148 366.02
2012.04	23 858.87	6 480.00	164 410.86	73 767.06	14 719.41	12 119.04	163 754.40	111 891.81
2012.05	24 018.66	6 758.98	162 995.08	76 312.96	19 451.56	15 685.47	200 023.20	135 681.41
2012.06	24 201.53	6 937.36	153 189.31	73 019.97	12 177.69	11 850.83	128 392.47	102 597.51
2012年半年累计					93 496.91	81 425.44	1 002 779.38	709 449.27

数据来源:中国人民银行网站

表4-3 全国股票交易统计表

Statistics of Stock Trading on Nationwide Basis

时期	最高综合股价指数 High Composite Index				最低综合股价指数 Low Composite Index			
	上海 Shanghai		深圳 Shenzhen		上海 Shanghai		深圳 Shenzhen	
	A股 A Share	B股 B Share	A股 A Share	B股 B Share	A股 A Share	B股 B Share	A股 A Share	B股 B Share
2012.01	2 435.22	226.06	931.14	598.09	2 234.30	205.61	833.71	547.36
2012.02	2 596.15	246.73	1 035.34	673.53	2 371.18	219.52	886.42	578.89
2012.03	2 593.71	250.34	1 067.23	692.50	2 348.68	227.52	925.25	625.36
2012.04	2 530.03	251.22	1 006.72	674.13	2 358.11	229.63	930.04	629.50
2012.05	2 569.99	253.10	1 028.70	679.12	2 418.89	226.96	960.63	616.89
2012.06	2 501.54	245.50	1 018.69	649.60	2 291.95	226.97	944.26	613.47

数据来源:中国人民银行网站

三、股票定价模型

股票投资收益由两部分组成：红利收益和资本收益。股权的红利收益是不确定的，取决于公司的经营状况与红利政策，这就给投资者判断股权的内在价值带来难度。

（一）收入资本化定价方法

收入资本化定价方法的基本思想：任何资产的“内在”价值（或真实价值）都是由投资者从拥有该资产起预期在未来可获得的现金流的贴现值所决定的。利用收入资本化定价方法分析普通股票价值，称为股息贴现模型。该模型的数学表示为：

$$V=\frac{D_1}{(1+r)^1}+\frac{D_2}{(1+r)^2}+\cdots=\sum_{t=1}^{\infty}\frac{D_t}{(1+r)^t}$$

其中，V：表示普通股票的内在价值；

D_t：表示普通股票第 t 期支付的股息或红利；

r：表示贴现率。

在实际操作中，一般是投资者购买股票后一段时间（假定在第三期末）就卖出该股票。此时股票的价值变形为：

$$V=\frac{D_1}{(1+r)^1}+\frac{D_2}{(1+r)^2}+\frac{D_3}{(1+r)^3}+\frac{V_3}{(1+r)^3}$$

其中，V_3：表示普通股票在第三期末的出售价格。根据股息贴现模型，该股票在第三期末的出售价格等于其内在价值，即：

$$V_3=\frac{D_4}{(1+r)^1}+\frac{D_5}{(1+r)^2}+\cdots$$

利用股息贴现模型计算股票的内在价值，关键在于准确预测股票未来每期的股息。而预测未来股息的关键在于股息的增长率。对股息增长率的不同假设，股息贴现模型可分为：零增长模型、恒定增长模型、三阶段股利增长模型和多元增长模型等。股息增长率 g_t 表示为：

$$g_t=\frac{D_t-D_{t-1}}{D_{t-1}},t=1,2,\cdots$$

有：

$$\begin{aligned}D_t&=D_{t-1}(g_t+1)=D_{t-2}(g_{t-1}+1)(g_t+1)=\cdots\\&=D_0(g_1+1)(g_2+1)\cdots(g_t+1)\end{aligned}$$

根据股息贴现模型，可以对股票进行定价。而定价的目的，在于判断现实市场中的股票价格是被高估还是低估了。从而指导投资者的决策行为，决定是卖出还是买入股票。常见判断方法：净现值法和内部收益率法。

净现值法：利用股票的预期净现值进行决策的方法。

$$NPV=V-P$$

其中：NPV：表示股票的预期净现值；

V：表示普通股票的内在价值；

P:表示股票的当前市场价格。

当 $NPV > 0$ 时,说明该股票的价值被低估了,投资者可以现价买入该股票;

当 $NPV < 0$ 时,说明该股票的价值被高估了,投资者可以现价卖出该股票。

内部收益率法:利用股票的内部收益率与贴现率比较进行决策的方法。内部收益率是指净现值等于0(即 $NPV = 0$) 时的一个特殊贴现率。即:

$$NPV = V - P = \sum_{t=1}^{\infty} \frac{D_t}{(1 + IRR)^t} - P = 0$$

其中,IRR:表示内部收益率。

根据上式,求出内部收益率 IRR;再与贴现率 r 进行比较。

当 $IRR > r$ 时,表示该股票的净现值大于0,说明该股票的价值被低估了,投资者可以现价买入该股票;

当 $IRR < r$ 时,表示该股票的净现值小于0,说明该股票的价值被高估了,投资者可以现价卖出该股票。

(二) 零增长模型

零增长模型:假设股息增长率 $g_t = 0$,即未来股息固定不变时的股息贴现模型。

由 $g_t = 0$,有 $D_0 = D_1 = D_2 = \cdots = D_\infty$

则,股息贴现模型变形为零增长模型:

$$V = \sum_{t=1}^{\infty} \frac{D_t}{(1 + r)^t} = D_0\left[\sum_{t=1}^{\infty} \frac{1}{(1 + r)^t}\right] = \frac{D_0}{r}$$

其中,V:表示股票的内在价值;

D_0:表示股票初期支付的股息或红利;

r:表示贴现率。

在零增长模型中,内部收益率 $IRR = \frac{D_0}{P}$。

例:假设某公司在期初的现金股利为5元/股,而贴现率为6.25%。已知该公司股票的当前市场价格为82元/股。

(1) 试求该股票的价值;

(2) 对投资进行决策分析。

解:(1) 利用零增长模型,得该股票的价值为:

$$V = \frac{D_0}{r} = \frac{5}{6.25\%} = 80(\text{元/股})$$

(2) 利用净现值法进行决策。

因为当前市场价格 $P = 82$ 元/股,有净现值 $NPV = V - P = -2 < 0$。说明该股票的价值被高估了,投资者可以现价卖出该股票。

利用内部收益率法进行决策。

内部收益率 $IRR = \frac{D_0}{P} = \frac{5}{82} \approx 0.061 = 6.1\%$,而贴现率 $r = 6.25\%$。则 $IRR < r$,表

示该股票的净现值小于0，说明该股票的价值被高估了，投资者可以现价卖出该股票。

（三）恒定增长模型

恒定增长模型：假设股息增长率 $g_t = g$（常值），即股息按一个固定比例增长时的股息贴现模型。

由 $g_t = g$（常值），股息贴现模型变形为恒定增长模型（假定 $r > g$）：

$$V = \sum_{t=1}^{\infty} \frac{D_t}{(1+r)^t} = \frac{D_0(1+g)}{(1+r)} + \frac{D_0(1+g)^2}{(1+r)^2} + \cdots + \frac{D_0(1+g)^n}{(1+r)^n} + \cdots$$

$$= \frac{D_0(1+g)}{r-g} = \frac{D_1}{r-g}$$

其中，V：表示普通股票的内在价值；

D_0、D_1：表示股票初期和第一期支付的股息或红利；

r：表示贴现率；

g：表示股息增长率，为常值。

在恒定增长模型中，内部收益率 $IRR = \frac{D_1}{P} + g$。

例：已知某公司期初现金股利为2元/股，且预测该公司股票未来的股息增长率将保持在5%的水平，贴现率为6.25%。该公司股票当前的市场价格为160元/股。

（1）试求该股票的价值；

（2）对投资进行决策分析。

解：（1）根据恒定增长模型，该公司股票的价值为：

$$V = \frac{D_1}{r-g} = \frac{D_0(1+g)}{r-g} = \frac{2(1+5\%)}{6.25\% - 5\%} = 168(\text{元/股})$$

（2）利用净现值法进行决策。

因为当前市场价格 $P = 160$ 元/股，有净现值 $NPV = V - P = 8 > 0$。说明该股票的价值被低估了，投资者可以现价买入该股票。

利用内部收益率法进行决策。

内部收益率 $IRR = \frac{D_1}{P} + g = \frac{2(1+5\%)}{160} + 5\% \approx 0.0631 = 6.31\%$，而贴现率 $r = 6.25\%$。则 $IRR > r$，表示该股票的净现值大于0，说明该股票的价值被低估了，投资者可以现价买入该股票。

（四）三阶段股利增长模型

三阶段股利增长模型：指股息增长率被分成三个阶段，第一阶段，时刻 t_1 之前，股息平均增长率为 g_1；第二阶段，从时刻 t_1 到时刻 t_2，股息平均增长率从 g_1 线性递减到 $g_2(g_1 > g_2)$；第三阶段，时刻 t_2 之后，股息平均增长率为 g_2。

由股息增长率为：

$$g_t = \begin{cases} g_1, & (t \leqslant t_1) \\ g_1 - (g_1 - g_2)\dfrac{t - t_1}{t_2 - t_1}, & (t_1 < t < t_2) \\ g_2, & (t > t_2) \end{cases}$$

股息贴现模型变形为三阶段股利增长模型：

$$V = \sum_{t=1}^{\infty} \frac{D_t}{(1+r)^t} = D_0 \sum_{t=1}^{t_1} \left(\frac{1+g_1}{1+r}\right)^t + \sum_{t=t_1+1}^{t_2} \frac{D_{t-1}(1+g_t)}{(1+r)^t} + \frac{D_{t_2}(1+g_2)}{(1+r)^{t_2}(r-g_2)}$$

其中，V：表示普通股票的内在价值；

D_0：表示股票初期支付的股息或红利；

D_t：表示普通股票第 t 期支付的股息或红利；

r：表示贴现率；

g_t：表示股息增长率。

$D_0 \sum_{t=1}^{t_1} \left(\frac{1+g_1}{1+r}\right)^t$：表示第一阶段所得股息的贴现价值；

$\sum_{t=t_1+1}^{t_2} \frac{D_{t-1}(1+g_t)}{(1+r)^t}$：表示第二阶段所得股息的贴现价值；

$\frac{D_{t_2}(1+g_2)}{(1+r)^{t_2}(r-g_2)}$：表示第三阶段所得股息的贴现价值。

例：某公司股票期初支付的股息为 1 元／股，在随后两年的股息增长率为 6%；从第 3 年开始，股息增长率线性递减。从第 6 年开始，每年股息增长率保持为 3%。已知贴现率为 8%，该股票的市场价格为 25 元／股。

(1) 试求该股票的价值；

(2) 对投资进行决策分析。

解：(1) 第一步：利用 $g_t = g_1 - (g_1 - g_2)\frac{t - t_1}{t_2 - t_1}$，$(t_1 < t < t_2)$，计算第 3 年至第 6 年的股息增长率。

$$g_3 = 0.06 - (0.06 - 0.03)\frac{3-2}{6-2} = 5.25\%$$

$$g_4 = 0.06 - (0.06 - 0.03)\frac{4-2}{6-2} = 4.5\%$$

$$g_5 = 0.06 - (0.06 - 0.03)\frac{3-2}{6-2} = 3.75\%$$

第二步：利用 $D_t = D_{t-1}(g_t + 1)$，计算 1 ~ 6 年各年的股息。

$D_1 = D_0(g_1 + 1) = 1 \times (1 + 6\%) = 1.06$（元／股）

$D_2 = D_1(g_2 + 1) = 1.06 \times (1 + 6\%) \approx 1.12$（元／股）

$D_3 = D_2(g_3 + 1) = 1.1236 \times (1 + 5.25\%) \approx 1.18$（元／股）

$D_4 = D_3(g_4 + 1) = 1.18 \times (1 + 4.5\%) \approx 1.23$（元／股）

$D_5 = D_4(g_5 + 1) = 1.23 \times (1 + 3.75\%) \approx 1.28$(元/股)

$D_6 = D_5(g_6 + 1) = 1.28 \times (1 + 3\%) \approx 1.32$(元/股)

第三步:利用三阶段股利增长模型计算股票的内在价值。

$$V = D_0 \sum_{t=1}^{t_1} \left(\frac{1+g_1}{1+r}\right)^t + \sum_{t=t_1+1}^{t_2} \frac{D_{t-1}(1+g_t)}{(1+r)^t} + \frac{D_{t_2}(1+g_2)}{(1+r)^{t_2}(r-g_2)}$$

$$= 1 \times \sum_{t=1}^{2} \left(\frac{1+6\%}{1+8\%}\right)^t + \sum_{t=3}^{5} \frac{D_{t-1}(1+g_t)}{(1+8\%)^t} + \frac{D_5(1+3\%)}{(1+8\%)^5(8\%-3\%)}$$

$$= \left[\frac{1+6\%}{1+8\%} + \left(\frac{1+6\%}{1+8\%}\right)^2\right] + \left[\frac{1.12(1+5.25\%)}{(1+8\%)^3} + \frac{1.18(1+4.5\%)}{(1+8\%)^4} + \frac{1.23(1+3.75\%)}{(1+8\%)^5}\right] + \frac{1.28(1+3\%)}{(1+8\%)^5(8\%-3\%)}$$

$$= 0.98 + 0.96 + 0.936 + 0.906 + 0.869 + 17.946 \approx 22.60\text{(元/股)}$$

(2) 利用净现值法进行决策。

因为当前市场价格 $P = 25$ 元/股,有净现值 $NPV = V - P = -2.40 < 0$。说明该股票的价值被高估了,投资者可以现价卖出该股票。

(五) 多元增长模型

多元增长模型:假定股息增长率在某一时点 T 之前是可变的,之后为常数 g 的股息贴现模型。

$$V = \sum_{t=1}^{\infty} \frac{D_t}{(1+r)^t} = \sum_{t=1}^{T} \frac{D_t}{(1+r)^t} + \frac{D_{T+1}}{(r-g)(1+r)^T}$$

例:某公司去年支付的股息为1元/股,预期本年的股息为1.5元/股,第二年的股息为2元/股。从第三年开始,该公司的股息将按5%的比率逐年增长。若贴现率为6.25%,该股票的市场价格为155元/股。

(1) 试求该股票的价值;

(2) 对投资进行决策分析。

解:(1) 该股票的价值为

$$V = \sum_{t=1}^{2} \frac{D_t}{(1+r)^t} + \frac{D_{2+1}}{(r-g)(1+r)^2}$$

$$= \frac{1.5}{(1+6.25\%)} + \frac{2}{(1+6.25\%)^2} + \frac{2(1+5\%)}{(6.26\%-5\%)(1+6.25\%)^2}$$

$$= 150.82\text{(元/股)}$$

(2) 利用净现值法进行决策。

因为当前市场价格 $P = 155$ 元/股,有净现值 $NPV = V - P = -4.18 < 0$。说明该股票的价值被高估了,投资者可以现价卖出该股票。

第四节　期货期权市场统计分析

一、期货与期货市场

1. 期货市场

早在1848年,芝加哥的82位商人为了降低粮食交易的风险,发起组建了芝加哥期货交易所(CBOT)。1865年,CBOT推出了标准化合约并实行了保证金制度;1882年,CBOT开始允许以对冲方式免除履约责任;1925年,芝加哥期货交易所结算公司(BOTCC)成立,同时规定芝加哥期货交易所的所有交易都要进入结算公司结算。至此,真正现代意义上的期货交易开始形成。从1848年到20世纪70年代,期货市场的交易品种主要是商品期货,他们可以分为以小麦、玉米、大豆等为代表的农产品期货;以铜、铝、锡、银等为代表的金属期货和以原油、汽油、丙烷等为代表的能源期货三大类型。20世纪70年代,利率、股票和股票指数、外汇等金融期货相继推出,而美国长期国债期货期权合约于1982年10月1日在CBOT的上市,又为其他商品期货和金融期货交易开辟了一方新天地。

我国的期货市场发展较晚,1990年10月,中国郑州粮食批发市场经国务院批准,以现货交易为基础,引入期货交易机制,作为我国第一个商品期货市场正式启动。到1993年下半年,全国期货交易所达50多家,期货经纪机构近千家,期货市场出现了盲目发展的迹象。1993年11月,国务院发出了《关于制止期货市场盲目发展的通知》,1994年5月,国务院办公厅批转国务院证券委《关于坚决制止期货市场盲目发展若干意见的请示》,开始对期货交易所进行全面审核,到1998年,14家交易所重组调整为大连商品交易所、郑州商品交易所、上海期货交易所三家;35个期货交易品种调减为12个;兼营机构退出了期货经纪代理业,原有的294家期货经纪公司缩减为180家左右。1999年9月,一个条例、四个管理办法的正式实施,构建了期货市场规范发展的监管框架。这样,在经过几年较大力度的结构调整和规范整顿,以《期货交易管理暂行条例》及四个管理办法为主的期货市场规划框架基本确立,中国证监会、中国期货业协会、期货交易所三层次的市场监管体系已经初步形成,期货市场主体行为逐步规范,期货交易所的市场管理和风险控制能力不断增强,期货投资者越来越成熟和理智,整个市场的规范化程度有了很大提高。从2000年开始,期货市场逐步走出低谷。上海期货交易所目前已经成为亚洲最大,世界第二的铜期货交易中心,2003年的成交量达到11 166.29万吨,10年内增长了50多倍。大连商品交易所的大豆期货品种的交易量在2003年达到了2 818.80万吨,已经成为亚洲第一,世界第二的大豆期货交易中心,成交量仅次于美国的CBOT。2004年1月31日,国家发布了《关于推进资本市场改革开放和稳定发展的若干意见》,明确提出了稳步发展期货市场,对期货市场的政策也由规范整顿向稳步发展转变。证券公司和上市公司纷纷参股期货公司,使期货行业获得新的资金流入。大米、股指期货等新品种也即将推出。在我国加入世界贸易组织、融入国际经济大家庭之际,作为发现价格和规避风险的重要金融工具,期货市场将对中国现代市场经济的发展发挥其无可替代的作用。

2. 期货交易基础概念

远期合约:指交易双方约定在未来某一特定时间,以某一特定价格,买卖一定数量和质量的金融资产或实物商品的合约。

期货合约:指由期货交易所统一制定的、受法律约束的、规定在将来某一特定时间和地点买卖某一特定数量和质量的金融资产或实物商品的标准化合约。

根据期货交易品种(即期货合约交易的标的物或基础资产)的不同,期货分为:商品期货和金融期货。

商品期货:指以实物商品(如:玉米、小麦、铜等)为标的物的期货合约。

金融期货:指以金融产品(如:汇率、利率、股票指数等)为标的物的期货合约。

根据投资者买卖地位的不同,期货市场中投资者分为:多头方和空头方。建仓时,买入期货合约后持有的头寸叫多头;卖出期货合约后持有的头寸叫空头。

二、期货定价模型

(一)期货交易策略

1. 套期保值

套期保值:指买入(或卖出)与现货市场数量相当但交易方向相反的期货合约,以期在未来某一时间通过卖出(或买入)期货合约(即平仓)来补偿现货市场价格变动所带来的实际价格风险,以达到降低或对冲风险的目的。套期保值分多头套期保值和空头套期保值。

多头套期保值:指买入期货合约以防止因现货价格上涨而遭受损失的交易策略。

空头套期保值:指卖出期货合约以防止因现货价格下跌而造成损失的交易策略。

若投资者将来要购买某一资产,可持有期货合约多头来对冲该资产价格波动的风险。若该资产价格下降,投资者购买该资产的获利,可由期货多头的损失而抵消;;若该资产价格上涨,投资者购买该资产的损失,可由期货多头的获利而弥补。

若投资者将来要出售某一资产,可持有期货合约空头来对冲该资产价格波动的风险。若该资产价格下降,投资者出售该资产的损失,可由期货空头的获利而弥补;若该资产价格上涨,投资者出售该资产的获利,可由期货空头的损失而抵消。

例:多头套期保值和空头套期保值

某投资者预计在3个月后,有600万元的资金流入。他想利用这笔资金进行短期投资。他根据分析预测利率有下跌的趋势,于是他决定买入3个月期的利率期货。具体如表4-4所示:

表4-4　　利率期货多头套期保值

日期	现货市场	期货市场
1月1日	3个月期存款利率2.6%	买入6份3月份到期的3个月期的利率期货合约(收益率为2.5%)
3月30日	把600万元存入银行,利率为2%	卖出6份3月份到期的3个月期的利率期货合约(收益率为2%)
结果及分析	损失=600×(2.6%-2%)×90/365=8 876.71(元)	盈利=6×100×(2.5%-2%)×90/365=7 397.26(元)
	投资者最终损失=8 876.71-7 397.26=1 479.45(元) 【分析】投资者若不购买利率期货,他收益的600万元因为利率下跌,他会直接损失8 876.71(元)。现因为投资了利率期货,使得他的损失降低到1 479.45(元)。	

某投资者拥有100万元的一份长期国库券。他根据分析预测利率有上升的趋势,于是他决定卖出利率期货合约进行套期保值。具体如表4-5所示:

表4-5　　利率期货空头套期保值

日期	现货市场	期货市场
1月份	持有100万元长期国库券,市场价值98万元	按总值90万元卖出10份长期国库券4月份到期的期货合约
3月份	长期国库券市场价值跌至92万元	按总值82万元买入10份长期国库券4月份到期的期货合约
结果及分析	损失=98-92=6(万元)	盈利=90-82=8(万元)
	投资者最终盈利=8-6=2(万元) 【分析】投资者若不购买利率期货,他持有的100万元长期国库券因为利率上升,他会直接损失6(万元)。现因为投资了利率期货,使得他没有损失反而盈利了2(万元)。	

2. 套利

套利:指同时买进或卖出两张不同种类的期货合约。若交易者认为期货合约被市场低估,他就决定买进;若交易者认为期货合约被市场高估,他就会卖出。若真实价格的变动方向与预测一致,交易者可从中获利;反之,损失。套利分为:跨期套利、跨商品套利和跨市套利。

跨期套利:指利用同一商品在同一市场的不同交割月份之间价格差距出现的变化进行对冲而获利的一种交易方式。又分为上涨行市套利(牛市套利)和下跌行市套利(熊市套利)。跨期套利最主要的交易形式:买近卖远套利、卖近买远套利和蝶式套利。

跨商品套利:指利用两种不同但相关联的商品之间的价差进行套利交易。

跨市套利:指在不同期货交易所同时买进和卖出同一种期货商品合约,利用不同区域间价格差异来获利的一种套利方式。

例:买近卖远套利计算

某投资者2012年4月在大连商品交易所下指令"买8月玉米期货,同时卖11月玉米期货各5手"。经纪人分别以2 358元/吨和2 330元/吨成交。6月,8月大豆期货价格为2 416元/吨,11月玉米期货价格为2 382元/吨。该投资者将8月期货和11月期货全部平仓。试分析该投资者的盈亏。(玉米期货10吨/手)

解:该投资者的买近卖远套利盈亏分析如表4-6所示:

表4-6 买近卖远套利分析

8月合约	11月合约	价差
4月买进5手,价2 358元/吨	卖出5手,价2 330元/吨	28元
6月卖出5手,价2 416元/吨	买进5手,价2 382元/吨	34元
+58	-52	
盈利分析:(58-52)×10×5=300(元)		

例:跨商品套利盈亏计算

某投资者2012年5月在郑州商品交易所同时买进12月硬麦期货和卖出12月强麦期货各8手,价格分别为2 100元/吨、2 420元/吨。7月,分别以2 203元/吨和2 387元/吨的价格平仓见表4-7。试分析投资者的盈亏。(10吨/手)

表4-7 相关商品套利分析

时间	硬麦期货	强麦期货	价差
5月	买进12月期货,价2 100元/吨	卖出12月期货,价2 420元/吨	320
7月	平仓2 203元/吨	平仓2 387元/吨	184
	+103	-33	
盈利分析:(103-33)×10×8=5 600(元)			

例:跨市套利的盈亏计算

某投资者2012年4月6日在伦敦金属交易所(LME)以1 800美元的价格买入10 000吨6月铜期货合约,第二天在上海期货交易所(SHFE)以13 560元人民币的价格卖出10 000吨7月铜期货合约。到5月8日,该投资者在伦敦金属交易所(LME)以1 926美元的价格卖出平仓,第二天又在上海期货交易所(SHFE)以14 306元的价格买入平仓。这个月的人民币兑美元的汇率平均为6.296 6(一美元折合人民币6.296 6元)。试计算这次期货投资的盈亏。

解:每吨铜盈亏=(1 926-1 800)×6.296 6+(13 560-14 306)=47.371 6(元)

总盈亏=47.371 6×10 000=473 716(元)。

3. 投机

投机:指根据对市场动向的预测,利用市场价格的波动进行买卖而获利的交易行为。可分为:长线投机者、短线交易者和逐小利者。

例:投机的盈亏计算

一位投机者预测未来一段时间股市有下跌的趋势,他在3月堪萨斯期货交易所卖出了1张6月到期的价值线股票指数期货合约,价格为316.20点。到了6月,股市价格的确下跌了,价值线股票指数期货合约的价格下降到303.60点。该投机者买入1张6月到期的期货合约进行平仓。试计算这次期货投资的盈亏。

解:在3月:投机者卖出1张6月到期的股指期货合约,价格为316.20点,总价值为:100×316.20×1=31 620(美元)。

在6月:投机者买入1张6月到期的期货合约,价格为303.60点,总价值为:100×303.60×1=30 360(美元)。

投机者总盈利为:31 620-30 360=1 260(美元)。

4. 基差

基差:指某一特定商品或资产在某一特定地点的现货价格与期货价格的差额,即:基差=现货价格-期货价格。其中,现货价格指在现货市场上买卖商品的成交价格;期货价格指交易者对未来现货市场上商品价格的预期值。

当投资者进行空头套期保值时,他随基差为正并扩大(或基差为负并缩小)时获利;当当投资者进行多头套期保值时,他随基差为正并缩小(或基差为负并扩大)时获利。

例:基差变化的盈亏计算

某投资者投资黄金市场,现他持有1千克黄金现货,为了减少投资风险,他选择空头套期保值。同时,他投资了一份1千克的黄金期货空头。现在黄金的价格是340.83元/克,10月交割的期货价格是344.79元/克。第二天,黄金现货价格上涨到341.03元/克,期货价格是344.88元/克。试分析投资者的盈亏。

解:第一天基差=340.83-344.79=-3.96元/克;

第二天基差=341.03-344.88=-3.85元/克。

投资者因为持有黄金现货,每克获利0.2元/克(=341.03-340.83);

投资者因为持有黄金期货空头,每克损失0.09元/克(=344.88-344.79)。

因为基差的缩小,投资者净获利0.11元/克(=0.2-0.09)。

故该投资者利用基差变化,净获利0.11×1 000=110(元)。

(二)期货定价模型

期货价格:指在期货市场上通过公开竞价方式(指计算机自动撮合成交或公开喊价方式)形成的期货合约标的物的价格。包括开盘价、收盘价、最高价、最低价和结算价。

1. 金融期货定价模型

(1) 不支付利息收益的金融资产的远期价格模型

S:表示基础资产的即期价格;

F:表示远期价格;

T:表示远期合约到期时间(年);

r:表示以连续复利计算的无风险利率。

投资者采取如下投资策略:

即期以价格 S 买进 1 单位资产；

以价格 F 卖出一张远期合约。

实施该策略，投资者当前付出成本 S，在未来 T 时刻得到无风险收益 F。则 F 应该等于将 S 进行无风险投资而获得的收益。即：

$$F = Se^{rT}$$

若利用离散复利，则该模型表示为：

$$F = S(1 + r)^{T}$$

决策分析：若实际远期价格 $F_0 > Se^{rT}$，套利者可以买入该资产并卖出其远期；

若实际远期价格 $F_0 < Se^{rT}$，套利者可以卖出该资产并买入其远期。

例：不支付利息收益的金融资产的远期价格计算

现有一张3个月期的远期合约，其标的资产是从现在开始一年到期的贴现债券（贴现债券不提供收益）。该债券的当前价格是1 000元。假定3个月期的无风险年利率（连续复利）为8%。试计算该债券的远期价格。

解：依题意，$S = 1\,000$，$T = \frac{3}{12} = \frac{1}{4}$，$r = 8\%$。则该债券的远期价格为：

$$F = Se^{rT} = 1\,000 \times e^{8\% \times \frac{3}{12}} = 1\,020.20(\text{元})$$

（2）支付已知收益现值的金融资产的远期价格模型

I：表示一个金融资产在远期合约的存续期内产生的已知收入现值；

S：表示基础资产的即期价格；

F：表示远期价格；

T：表示远期合约到期时间（年）；

r：表示以连续复利计算的无风险利率。

投资者采取如下投资策略：

即期以价格 S 买进 1 单位资产；

以价格 F 卖出一张远期合约。

实施该策略，投资者当前付出成本 S，在未来 T 时刻得到无风险收益 F。则初始的现金流出（S）应该等于 T 期的现金流入 F 的现值（$I + Fe^{-rT}$）。即：

$$F = (S - I)e^{rT}$$

决策分析：若实际远期价格 $F > (S - I)e^{rT}$，套利者可以买入该资产并卖出其远期获利；

若实际远期价格 $F < (S - I)e^{rT}$，套利者可以卖出该资产并买入其远期获利。

例：支付已知收益现值的金融资产的远期价格计算

现有一张股价为80元的股票的10个月期远期合约。在3个月、6个月和9个月后都有每股1.25元的红利付出，对所有到期日无风险利率（连续复利）都是年利率6%。试计算该金融资产的远期价格。

解：红利的现值 I 为：

$$I = 1.25e^{-0.06 \times \frac{3}{12}} + 1.25e^{-0.06 \times \frac{6}{12}} + 1.25e^{-0.06 \times \frac{9}{12}} = 3.639(\text{元})$$

故远期价格

$$F = (S - I)e^{rT} = (80 - 3.639)e^{0.06\times\frac{10}{12}} = 80.276(\text{元})$$

（3）支付固定收益率的金融资产的远期价格模型

q:表示金融资产的红利收益率,按年率 q 连续支付;

S:表示基础资产的即期价格;

F:表示远期价格;

T:表示远期合约到期时间(年);

r:表示以连续复利计算的无风险利率。

投资者采取如下投资策略:

即期以价格 S 买入 e^{-qT} 单位的资产,该资产的收益可再投资;

以价格 F 卖出一张远期合约。

实施该策略,投资者当前付出成本 Se^{-qT},在未来 T 时刻得到无风险收益 F。则初始的现金流出(Se^{-qT}) 应该等于 T 期的现金流入 F 的现值(Fe^{-rT})。即:

$$F = Se^{(r-q)T}$$

决策分析:若实际远期价格 $F > Se^{(r-q)T}$,套利者可以买入该资产并卖出其远期来锁定无风险收益;

若实际远期价格 $F < Se^{(r-q)T}$,套利者可以卖出该资产并买入其远期获得无风险收益。

例:支付固定收益率的金融资产的远期价格计算

现有一个股价为 60 元的 4 个月远期合约,标的资产预期可提供年率 5% 的连续红利收益率。无风险利率(连续复利) 是年利率 8%。试计算该金融资产的远期价格。

解:该金融资产的远期价格为:

$$F = Se^{(r-q)T} = 60e^{(8\%-5\%)\frac{4}{12}} = 60.603(\text{元})$$

2. 商品期货定价模型

将商品看做投资资产,且商品本身不生利。

若不考虑储存成本,商品期货定价模型类似于不支付利息收益的金融资产的远期价格模型。

$$F = Se^{rT}$$

其中,S:表示商品的即期价格;

F:表示远期价格;

T:表示远期合约到期时间(年);

r:表示以连续复利计算的无风险利率。

若把储存成本视为负收益,商品期货定价模型类似于支付已知收益现值的金融资产的远期价格模型。

$$F = (S + U)e^{rT}$$

其中,U:表示期货合约的存续期内所有储存成本的现值;

S:表示商品的即期价格;

F:表示远期价格;

T:表示远期合约到期时间(年);

r:表示以连续复利计算的无风险利率。

若储存成本与商品价格成一定比例,储存成本可看做是负的红利收益率,商品期货定价模型类似于支付固定收益率的金融资产的远期价格模型。

$$F = Se^{(r+u)T}$$

其中,u:表示储存成本与商品现货价格的比例;

S:表示商品的即期价格;

F:表示远期价格;

T:表示远期合约到期时间(年);

r:表示以连续复利计算的无风险利率。

例:商品期货价格计算

现有1年期黄金期货合约,现价为340.83元/克,无风险利率为每年6%。黄金的储存成本为每年0.5元/克,在年底支付。试求该黄金期货的价格。

解:该黄金期货的储存成本现值为:

$U = 0.5e^{-0.06} = 0.4709$(元)

该黄金期货的价格为:

$F = (S + U)e^{rT} = (340.83 + 0.4709)e^{6\% \times 1} = 362.4058$(元)

3. 持有成本的期货定价模型

便利收益:指持有实物商品本身可以享受,持有期货合约不能享受的一种收益。

持有成本:指持有实物商品需要付出的一种成本。持有成本的计算公式为:

$$c = u + r - q$$

其中,c:表示持有成本;

u:表示储藏费用;

r:表示资金成本;

q:表示资产收益。

对于金融资产的期货价格(无便利收益)为:

$$F = Se^{cT}$$

其中,c:表示持有成本;

S:表示金融资产的即期价格;

F:表示远期价格;

T:表示远期合约到期时间(年)。

对于实物商品的期货价格(存在便利收益)为:

$$F = Se^{(c-y)T}$$

其中,y:表示便利收益;

c:表示持有成本;

S:表示商品的即期价格;

F:表示远期价格;

T:表示远期合约到期时间(年)。

例:持有成本的期货价格计算

现有一张1年期原油期货合约,已知国际原油现货价格为116.59美元/桶,无风险利率为5%,原油储藏成本为6%,持有原油库存的便利收益预计为3%。试计算该原油期货的价格。

解:该原油期货的价格为:

$$F = Se^{(c-y)T} = 116.59e^{(5\% + 6\% - 4\%) \times 1} = 125.04(\text{美元})$$

三、期权

期权交易的历史远比期货交易的历史悠久而曲折。早在《圣经·创世记》中记录了公元前约1700年,雅克布为与拉班的小女儿瑞切尔结婚而签订了一个契约:雅克布在同意为拉班工作七年的条件下,得到与瑞切尔结婚的许可。亚里士多德在《政治学》中记载了古希腊数学家泰利斯利用天文知识,预测来年春季的橄榄收成,然后再以极低的价格取得西奥斯和米拉特斯地区橄榄榨汁机的使用权。这些都已隐含了期权概念。1636年发生的荷兰郁金香炒作事件提出了选择权的概念,同时引起经济危机而使期权称为非法交易。1733年巴纳德法宣布期权为非法,1860年该法才被撤销。18世纪末美国出现了股票期权,1936年美国商品交易法案禁止商品期权交易。1968年起,商品期货市场的交易量低迷,迫使成立于1848年芝加哥期货交易所(Chicago Board of Trade,简称CBOT)扩展其他业务,1973年4月26日,世界上第一个期权交易所——芝加哥期权交易所(CBOE)在1973年4月26日成立,这标志着真正有组织的期权交易时代的开始。同年,芝加哥大学的两位教授费希尔·布莱克(Fisher Black,1938—1995年)和迈伦·斯科尔斯(Myron Scholes)发表了开创性论文《期权定价与公司负债》,建立了欧式股票看涨期权的定价模型,这就是著名的"Black - Scholes 公式";同年,美国哈佛大学的罗伯特·默顿(Robert C. Merton)在《合理期权定价理论》中提出了支付红利股票的期权定价公式,并在一系列论文中,推广了"Black - Scholes 公式"。为现代期权理论奠定了基础。为此,1997年度诺贝尔经济学奖授予给了迈伦·斯科尔斯和罗伯特·默顿。

1. 期权概念

SNA2008中指出:期权是赋予期权购买者如下权利(但不是义务)的一种合约,即期权购买者可按事先约定的价格(执行价格),在某一时期(美式期权)或某一日期(欧式期权),购买(买进期权)或出售(卖出期权)某一特定金融工具或商品。

期权:又称选择权,是一种权利合约,给予其持有者在约定时间或之前。按约定价格买入或卖出一定数量某种资产的权利。

期权合约的基本要素是

基础资产:期权合约中的资产;

期权买方:支付权利金购买期权的一方,称为期权多头方;

期权卖方:出售期权获得权利金的一方,称为期权空头方;

权利金:期权买方为获取权利而向卖方支付的费用,或期权买卖双方购买或出售期权合约的价格,是期权合约中唯一变量,相对于期货合约价格;

执行价格:又称协议价格或敲定价格,指事先确定的标的资产或期货合约的交易价格;

通知日:期权买方要求履行标的物(或期货合约)交货时提前通知卖方的日期;

到期日:又称履行日,期权最后的有效日。

2. 期权种类

(1)按期权所赋予的权利,期权可分为:看涨期权和看跌期权。

看涨期权:又称买入期权,指期权买方享有在特定时间,按特定价格(执行价格)向卖方购买特定数量的标的资产或期货合约的权利,但不负义务。

看跌期权:又称卖出期权,指期权买方享有在特定时间,按特定价格(执行价格)向卖方卖出特定数量的标的资产或期货合约的权利,但不负义务。

(2)按期权执行时间,期权可分为:欧式期权和美式期权。

欧式期权:指仅在期权合约期限到期日,买方才能按执行价格决定是否行驶买或卖权利的期权。

美式期权:指在期权合约期限到期日或之前的有效期内任意时间,买方都可以按执行价格决定是否行驶买或卖权利的期权。

(3)按期权执行价格与标的物市场价格的关系,期权可分为:实值期权、平值期权和虚值期权。

实值期权:指期权立即履行合约,期权买方具有正值现金流的期权;

平值期权:指期权立即履行合约,期权买方的现金流为0的期权;

虚值期权:指期权立即履行合约,期权买方的现金流为负的期权。

(4)按期权交易的标的物不同,期权可分为:实物期权、股票期权、外汇期权、利率期权、期货期权、股票指数期权和基金指数期权等。

四、期权定价模型

期权的价格称为权利金,是期权合约要素中唯一的变量,期权的定价就是对权利金的理论值进行计算。期权价格主要由期权内涵价值和时间价值构成。

内涵价值:指期权买方立即履行合约时可获取的收益,反映期权合约执行价格(X)与标的物市场价格(S)之间的关系。

看涨期权的内涵价值 $= S - X$;但期权买方只有在实值期权才行驶该期权,故看涨期权的内涵价值 $= \max\{0, S - X\}$;看跌期权的内涵价值 $= \max\{0, X - S\}$。

时间价值:指对期权卖方反映了期权交易期内的时间风险;对期权买方反映了期权内涵价值在未来增值的可能性。

例:设某股票价格为36元/股,8月看跌期权的敲定价为40元,权利金为5。

(1) 试求该期权的内涵价值和时间价值。

(2) 若9月看跌期权的敲定价为30元,权利金为2。该期权的内涵价值和时间价值又是多少?

解:(1) 该期权的内涵价值 = 40 - 36 = 4;

时间价值 = 5 - 4 = 1。

(2) 是虚值期权,内涵价值 = 0,时间价值 = 2。

期权价格确定的主要因素有:标的物市场价格(S)、敲定价格(X)、距离到期日前剩余时间($T-t$)、标的物价格波动幅度(V)、无风险利率(r) 和股票分红等。

(一) Black - Scholes 期权定价模型

1. Black - Scholes 微分方程

Black - Scholes 模型的假设条件:首先,基础资产价格运动满足"布朗运动"的随机过程(资产收益率服从正态分布,而资产价格服从对数正态分布)。其次,基础资产可分割成若干部分,且可自由买卖和卖空;基础资产在到期日前不支付股息及其他收入;基础资产价格连续,且和利率的变化在期权有效期内保持一致;以同样无风险利率可以进行连续的借贷。最后,期权为欧式期权;没有税收、交易成本和保证金要求。

根据假设,资产价格满足日本数学家伊藤清(Ito Kiyoshi)提出的 ITO 过程:

$$dS = \mu S dt + \sigma S dz$$

其中,S:表示资产价格;

μ:表示以连续复利计算的年预期收益率,可为常数;

μS:表示价格瞬时期望漂移率;

σ:表示资产价格年波动率,可为常数;

σS:表示价格瞬时方差率的平方根;

dz:表示维纳过程;z 为维纳过程的变量,其极限 $dz = \varepsilon\sqrt{dt}$;$\varepsilon$ 为标准正态分布中的一个随机值;

t:表示时间。

假设 $f(S,t)$ 是依赖于资产价格 S 的期权的价格,根据 ITO 定理,有:

$$df = \left(\frac{\partial f}{\partial S}\mu S + \frac{\partial f}{\partial t} + \frac{1}{2}\frac{\partial^2 f}{\partial S^2}\sigma^2 S^2\right)dt + \frac{\partial f}{\partial S}\sigma S dz$$

当不存在无风险套利时,经过化简,可得 Black - Scholes 微分方程:

$$\frac{\partial f}{\partial t} + rS\frac{\partial f}{\partial S} + \frac{1}{2}\sigma^2 S^2\frac{\partial^2 f}{\partial S^2} = rf$$

其中,f:表示依赖于 S 的期权价格;

S:表示资产当前价格;

σ:表示资产价格波动标准差;

r:表示无风险利率;

t:表示时间。

欧式看涨期权的边界条件:当 $t = T$ 时,$f = \max\{0, S - X\}$;

欧式看跌期权的边界条件:当 $t = T$ 时,$f = \max\{0, X - S\}$

其中,X:表示执行价格。

2. Black - Scholes 风险中性期权定价模型(Black - Scholes 公式)

为了简化,假定所有投资者都是风险中性的。欧式看涨期权到期日的期望价值为:

$$E[\max\{0, S_T - X\}]$$

其中,E:表示风险中性的期权期望值;

S_T:表示 T 时刻资产的价格;

X:表示期权的执行价格;

T:表示期权的到期时间。

设 C 表示欧式看涨期权的价格,则 C 是风险中性期望值 E 的无风险利率 r 的贴现值。即:

$$C = e^{-r(T-t)}E[\max\{0, S_T - X\}]$$

利用数学推理,可得,资产价格(S_T)的对数 $\ln S_T$ 服从正态分布:即:

$$\ln S_T \sim N\left[\ln S + \left(r - \frac{\sigma^2}{2}\right)(T-t), \sigma^2(T-t)\right]$$

利用欧式看涨期权的边界条件,可得 Black - Scholes 微分方程的解:

$$C = SN(d_1) - Xe^{-r(T-t)}N(d_2)$$

其中,

$$d_1 = \frac{\ln\left(\frac{S}{X}\right) + \left(r + \frac{\sigma^2}{2}\right)(T-t)}{\sigma\sqrt{T-t}}$$

$$d_2 = \frac{\ln\left(\frac{S}{X}\right) + \left(r - \frac{\sigma^2}{2}\right)(T-t)}{\sigma\sqrt{T-t}} = d_1 - \sigma\sqrt{T-t}$$

这就是著名的 Black - Scholes 公式。

其中,C:表示不支付红利欧式看涨期权的价格;

S:表示资产当前价格;

X:表示期权的执行价格;

σ:表示资产价格波动标准差或波动率;

r:表示无风险利率;

T:表示期权的到期时间;

$T-t$:表示到期日前剩余时间。

$N(d_1)$、$N(d_2)$:表示标准正态分布的累计概率分布函数。

类似,可得无风险利率 r 时不支付红利欧式看跌期权的价格 P 为:

$$P = Xe^{-r(T-t)}N(-d_2) - SN(-d_1)$$

例:现有一6个月到期的欧式看涨期权,其标的股票的市场价格为40元,风险为50%。该期权的执行价格是45元,无风险利率为6%。试求该看涨期权的价格。

解:依题意,$X = 45$,$T - t = \frac{6}{12} = 0.5$,$r = 0.06$,$S = 40$,$\sigma = 50\% = 0.5$,

$$d_1 = \frac{\ln\left(\frac{40}{45}\right) + \left(0.06 + \frac{0.5^2}{2}\right) \times 0.5}{0.5\sqrt{0.5}} = -0.0715$$

$$d_2 = -0.0715 - 0.5\sqrt{0.5} = -0.425$$

查表得，

$$N(d_1) = N(-0.0715) = 0.4700$$

$$N(d_2) = N(-0.425) = 0.3363$$

根据 Black - Scholes 公式，该看涨期权的价格为：

$$C = 40 \times 0.4700 - 45 \times e^{-0.06 \times 0.5} \times 0.3363 = 4.1138(\text{元})$$

例：现有一6个月到期的欧式看跌期权，其标的股票的市场价格为40元，风险为50%。该期权的执行价格是45元，无风险利率为6%。试求该看跌期权的价格。

解：依题意，$X = 45, T - t = \frac{6}{12} = 0.5, r = 0.06, S = 40, \sigma = 50\% = 0.5$，

$$d_1 = \frac{\ln\left(\frac{40}{45}\right) + \left(0.06 + \frac{0.5^2}{2}\right) \times 0.5}{0.5\sqrt{0.5}} = -0.0715$$

$$d_2 = -0.0715 - 0.5\sqrt{0.5} = -0.425$$

查表得，

$$N(-d_1) = N(0.0715) = 0.5300$$

$$N(-d_2) = N(0.425) = 0.6637$$

不支付红利欧式看跌期权的价格 P 为：

$P = Xe^{-r(T-t)}N(-d_2) - SN(-d_1) = 45e^{-0.06 \times 0.5} \times 0.6637 - 40 \times 0.5300 = 7.7838$(元)

3. 支付红利欧式期权定价模型

罗伯特·默顿发现：基于价格为 S 支付连续红利率为 q 的股票的欧式期权，与基于价格为 $Se^{-q(T-t)}$ 不支付红利的股票的欧式期权价值是等价的。于是得支付红利股票的欧式看涨期权定价公式为：

$$C = Se^{-q(T-t)}N(d_1) - Xe^{-r(T-t)}N(d_2)$$

其中，

$$d_1 = \frac{\ln\left(\frac{S}{X}\right) + \left(r - q + \frac{\sigma^2}{2}\right)(T - t)}{\sigma\sqrt{T - t}}$$

$$d_2 = \frac{\ln\left(\frac{S}{X}\right) + \left(r - q - \frac{\sigma^2}{2}\right)(T - t)}{\sigma\sqrt{T - t}}$$

其中，C：表示支付红利股票的欧式看涨期权的价格。

4. 股票指数期权定价模型

假设股票指数服从几何布朗运动。则可利用支付红利股票的欧式期权定价公式可得

出基于股票指数的欧式看涨期权价格定价公式：

$$C = Se^{-q(T-t)}N(d_1) - Xe^{-r(T-t)}N(d_2)$$

其中，

$$d_1 = \frac{\ln\left(\frac{S}{X}\right) + \left(r - q + \frac{\sigma^2}{2}\right)(T - t)}{\sigma\sqrt{T - t}}$$

$$d_2 = \frac{\ln\left(\frac{S}{X}\right) + \left(r - q - \frac{\sigma^2}{2}\right)(T - t)}{\sigma\sqrt{T - t}}$$

其中，C：表示股票指数的欧式看涨期权的价格；

S：表示指数值；

X：表示期权的执行价格；

σ：表示指数波动率；

q：表示指数的红利收益率；

r：表示无风险利率；

T：表示期权的到期时间；

$T-t$：表示到期日前剩余时间。

$N(d_1)$、$N(d_2)$：表示标准正态分布的累计概率分布函数。

例：设有一份 3 个月到期的标准普尔 500（*S&P 500*）欧式看涨期权。指数现值为 1 400 点，执行价格为 1 380 点。指数变动率为每年 15%，指数的年红利收益率为 3%，无风险利率为 5%。试求该看涨期权的价格。

解：依题意，$X = 1\,380$，$T - t = \frac{3}{12} = 0.25$，$r = 0.05$，$S = 1\,400$，$\sigma = 15\% = 0.15$，$q = 0.03$。

$$d_1 = \frac{\ln\left(\frac{1\,400}{1\,380}\right) + \left(0.05 - 0.03 + \frac{0.15^2}{2}\right) \times 0.25}{0.15\sqrt{0.25}} = 0.296\,0$$

$$d_2 = \frac{\ln\left(\frac{1\,400}{1\,380}\right) + \left(0.05 - 0.03 - \frac{0.15^2}{2}\right) \times 0.25}{0.15\sqrt{0.25}} = 0.221\,0$$

查表得，

$$N(d_1) = N(0.296\,0) = 0.616\,4$$

$$N(d_2) = N(0.221\,0) = 0.587\,5$$

根据股票指数的欧式看涨期权价格定价公式：

$$C = 1\,400e^{-0.03\times0.25} \times 0.616\,4 - 1\,380e^{-0.05\times0.25} \times 0.587\,5 = 55.833\,3\text{（美元）}$$

5. 欧式外汇期权定价模型

假设汇率变化服从几何布朗运动。美国国内无风险利率与其他币种国内的无风险利率都是恒定的，对任何到期日都相同。因为外币的持有者具有利息收入，且收益率就是其他币种国内的无风险利率。因此，外币与支付已知红利收益的股票类似。可利用支付红利股票的欧式期权定价公式可得出欧式外汇看涨和看跌期权价格定价公式：

$$C = Se^{-r_f(T-t)}N(d_1) - Xe^{-r(T-t)}N(d_2)$$

$$P = Xe^{-r(T-t)}N(-d_2) - Se^{-r_f(T-t)}N(-d_1)$$

其中，

$$d_1 = \frac{\ln\left(\frac{S}{X}\right) + \left(r - r_f + \frac{\sigma^2}{2}\right)(T-t)}{\sigma\sqrt{T-t}}$$

$$d_2 = \frac{\ln\left(\frac{S}{X}\right) + \left(r - r_f - \frac{\sigma^2}{2}\right)(T-t)}{\sigma\sqrt{T-t}} = d_1 - \sigma\sqrt{T-t}$$

其中，C：表示外汇欧式看涨期权的价格；

P：表示外汇欧式看跌期权的价格；

S：表示即期汇率；$F = Se^{(r-r_f)(T-t)}$ 表示 T 时刻的远期汇率。

X：表示期权的执行价格；

σ：表示汇率变动的波动率；

r_f：表示其他币种国内的无风险利率；

r：表示美国国内无风险利率；

T：表示期权的到期时间；

$T-t$：表示到期日前剩余时间。

$N(d_1)$、$N(d_2)$：表示标准正态分布的累计概率分布函数。

例：现有一份3个月期的欧元欧式看涨期权。当前的即期汇率为1.249 8美元/欧元，执行价格是1.249 8美元/欧元，美国国内无风险年利率为6%，其他币种国内的无风险利率8%，汇率变动的波动率10%。试计算该看涨期权的价格。

解：依题意，$X = 1.249\,8$，$T - t = \frac{3}{12} = 0.25$，$r = 6\%$，$S = 1.249\,8$，$\sigma = 10\%$，$r_f = 8\%$。

则

$$d_1 = \frac{\ln\left(\frac{1.249\,8}{1.249\,8}\right) + \left(6\% - 8\% + \frac{0.1^2}{2}\right) \times 0.25}{0.1\sqrt{0.25}} = -0.075$$

$$d_2 = -0.075 - 0.1\sqrt{0.25} = -0.125$$

查表得，

$$N(d_1) = N(-0.075) = 0.470\,1$$

$$N(d_2) = N(-0.125) = 0.450\,3$$

根据欧式外汇看涨期权价格定价公式得：

$C = 1.249\,8e^{-8\% \times 0.25} \times 0.470\,1 - 1.249\,8e^{-6\% \times 0.25} \times 0.450\,3 = 0.021\,5$（美元/欧元）。

6. 期货期权定价模型

设期货价格 F 与即期价格 S 存在关系：$F = Se^{\alpha(T-t)}$，其中 α 仅为时间的函数。即期价格 S 的波动率为常数，则期货价格 F 的波动率等于 S 的波动率。这时，期货价格与支付已知红利利率的股票类似，有红利收益率(q) 等于无风险利率(r)。可利用支付红利股票的欧式期权定价公式可得出欧式看涨和看跌期货期权价格定价公式：

$$C = e^{-r(T-t)}[FN(d_1) - XN(d_2)]$$

$$P = e^{-r(T-t)}[XN(-d_2) - FN(-d_1)]$$

其中，

$$d_1 = \frac{\ln\left(\frac{F}{X}\right) + \left(\frac{\sigma^2}{2}\right)(T-t)}{\sigma\sqrt{T-t}}$$

$$d_2 = \frac{\ln\left(\frac{F}{X}\right) + \left(-\frac{\sigma^2}{2}\right)(T-t)}{\sigma\sqrt{T-t}} = d_1 - \sigma\sqrt{T-t}$$

其中，C：表示欧式看涨期货期权的价格；

P：表示欧式看跌期货期权的价格；

F：表示 T 时刻期货价格，$F = Se^{\alpha(T-t)}$，S 是即期价格，α 为时间的函数；

X：表示期权的执行价格；

σ：表示期货期权变动的波动率；

r：表示无风险利率；

T：表示期权的到期时间；

$T-t$：表示到期日前剩余时间。

$N(d_1)$、$N(d_2)$：表示标准正态分布的累计概率分布函数。

例：现有3个月到期的玉米期货看涨期权，执行价格为2 450元/吨，无风险利率为年利率8%，期货价格的波动率是每年20%。玉米期货价格为2 450元/吨。试求该看涨期货期权的价格。

解：依题意，$X = 2\,450$，$T-t = \frac{3}{12} = 0.25$，$r = 8\%$，$F = 2\,450$，$\sigma = 20\%$。

则

$$d_1 = \frac{\ln\left(\frac{2\,450}{2\,450}\right) + \left(\frac{0.2^2}{2}\right) \times 0.25}{0.2\sqrt{0.25}} = 0.05$$

$$d_2 = 0.05 - 0.2\sqrt{0.25} = -0.05$$

查表得，

$$N(d_1) = N(0.05) = 0.519\,9$$

$$N(d_2) = N(-0.05) = 0.480\,1$$

根据欧式看涨期货期权的定价公式，得

$C = e^{-8\% \times 0.25}[2\,450 \times 0.519\,9 - 2\,450 \times 0.480\,1] = 95.579\,2$(元/吨)

7. 利率期权定价模型

设债券价格的标准差为常数 σ，对于零息债券，可由不支付红利欧式期权定价的 Black - Scholes 公式得欧式利率期权价格公式：

$$C = BN(d_1) - Xe^{-r(T-t)}N(d_2)$$

$$P = Xe^{-r(T-t)}N(-d_2) - BN(-d_1)$$

其中，

$$d_1 = \frac{\ln\left(\frac{B}{X}\right) + \left(r + \frac{\sigma^2}{2}\right)(T-t)}{\sigma\sqrt{T-t}}$$

$$d_2 = \frac{\ln\left(\frac{B}{X}\right) + \left(r - \frac{\sigma^2}{2}\right)(T-t)}{\sigma\sqrt{T-t}} = d_1 - \sigma\sqrt{T-t}$$

其中，C：表示欧式看涨利率期权的价格；

P：表示欧式看跌利率期权的价格；

B：表示债券现价；

X：表示期权的执行价格；

σ：表示债券价格的标准差；

r：表示 T 时刻到期的无风险投资的当前利率；

T：表示期权的到期时间；

$T-t$：表示到期日前剩余时间。

$N(d_1)$、$N(d_2)$：表示标准正态分布的累计概率分布函数。

例：现有标的债券为零息债券的5年期债券的6个月期的欧式看涨期权。债券面值为100元，债券现价100元，执行价格为100元。6个月的无风险利率为每年5%，债券价格的年波动率为8%。试计算该看涨期权的价格。

解：依题意，$X = 100, T - t = \frac{6}{12} = 0.5, r = 5\%, B = 100, \sigma = 8\%$。

则

$$d_1 = \frac{\ln\left(\frac{100}{100}\right) + \left(5\% + \frac{0.08^2}{2}\right) \times 0.5}{0.08\sqrt{0.5}} = 0.470\ 2$$

$$d_2 = 0.470\ 2 - 0.08\sqrt{0.5} = 0.413\ 6$$

查表得，

$$N(d_1) = N(0.470\ 2) = 0.681\ 0$$

$$N(d_2) = N(0.413\ 6) = 0.660\ 8$$

根据欧式看涨利率期权定价公式，得该看涨期权的价格为：

$$C = 100 \times 0.681\ 0 - 100e^{-5\% \times 0.5} \times 0.660\ 8 = 3.651\ 5(\text{元})$$

第五节　资产投资组合模型

一、单个资产收益和风险

1. 单个资产收益

(1)持有期收益率

收益额:指当期收益与资本利得之和。

持有期收益率:指投资者在持有投资资产的时间内所获得的收益率。

$$持有期收益率 = \frac{期末价格 - 期初价格 + 分红或派息}{期初价格}$$

$$持有期间的年化收益率 = \frac{持有期收益率}{持有期}$$

例:某投资者现持有重啤股份 500 股 3 年,每股买入价为 16.25 元,卖出价为 18.58 元。投资期间仅在第 3 年年末发放每股 1.2 元的现金股利。求投资者的 3 年持有期收益率和年化收益率?

解:$持有期收益率 = \frac{18.58 - 16.25 + 1.2}{16.25} = 21.72\%$

$持有期间的年化收益率 = \frac{21.72\%}{3} = 7.24\%$

例:某投资者在 2010 年 1 月 1 日以每股 16 元的价格购买 A 股股票 200 股;在 2012 年 1 月 1 日获得红利 0.8 元/股;该投资者以每股 20 元价格卖出。投资者的持有期收益率和年化收益率?

解:$持有期收益率 = \frac{20 \times 200 - 16 \times 200 + 0.8 \times 200}{16 \times 200} = 30\%$

$持有期间的年化收益率 = \frac{30\%}{2} = 15\%$

若分红或派息的支付不是发生在持有期期末,且考虑分红或派息的再投资收益。则资产收益率 r 满足:

$$P_0 = \frac{D_1}{(1+r)^1} + \frac{D_2}{(1+r)^2} + \cdots + \frac{D_T}{(1+r)^T} + \frac{P_T}{(1+r)^T}$$

其中,P_0:表示期初价格;

P_T:表示期末价格;

r:表示持有期间年化收益率;

D_t:表示第 t 期支付的红利或派息;

T:表示资产的持有期。

例:某投资者现持有重啤股份 500 股 3 年,每股买入价为 16.25 元,卖出价为 18.58 元。投资期间在第 1 年年末发放股利每股 0.5 元,第 2 年年末发放股利每股 0.4 元,第 3 年年末发放每股0.3元的现金股利。求投资者的持有期年化收益率？

解：依题意，$P_0 = 16.25, P_T = 18.58, D_1 = 0.5, D_2 = 0.4, D_3 = 0.3$。有

$$16.25 = \frac{0.5}{(1+r)^1} + \frac{0.4}{(1+r)^2} + \frac{0.3}{(1+r)^3} + \frac{18.58}{(1+r)^3}$$

解出持有期年化收益率 r。

（2）期望收益率

期望收益率：指未来收益率的期望值。

$$E(r) = p_1 r_1 + p_2 r_2 + \cdots + p_n r_n = \sum_{i=1}^{n} p_i r_i$$

其中，$E(r)$：表示期望收益率；

r_i：表示第 i 期可能收益率；

p_i：表示第 i 期收益率的概率。

例：某投资者欲投资一种金融资产，若金融危机有所好转，该项投资可能的收益率为50%；若金融危机持续，该项投资可能的收益率为20%；若金融危机加重，该项投资可能的收益率为－10%。根据分析，金融危机好转、持续和加重的可能性分别为28%、47%、25%；试求该项投资的期望收益率数据见表4－8。

解：依题意，有

表4－8　　投资未来收益率的概率分布

金融危机	概率	未来收益率
好转	28%	50%
持续	47%	20%
加重	25%	－10%

则该项投资的期望收益率为：

$$E(r) = \sum_{i=1}^{3} p_i r_i = 28\% \times 50\% + 47\% \times 20\% + 25\% \times (-10\%) = 0.209$$

2. 单个资产风险

风险是投资收益率的不确定性。风险的测度分绝对测度（方差和标准差等）和相对测度（变异系数等）。

$$\sigma^2 = \sum_{i=1}^{n} p_i [r_i - E(r)]^2 \qquad 或 \qquad \sigma = \sqrt{\sum_{i=1}^{n} p_i [r_i - E(r)]^2}$$

其中：σ：表示资产风险的标准差；

$E(r)$：表示期望收益率；

r_i：表示第 i 期可能收益率；

p_i：表示第 i 期收益率的概率。

例：某公司当前股价为30元。根据预测，若宏观经济环境较好，该公司股价将上涨5元，年末股利为3元/股；若宏观经济环境一般，该公司股价将上涨2元，年末股利为

1 元／股；若宏观经济环境恶化，该公司股价将降为 26 元，年末股利为 0.5 元／股。根据分析，宏观经济环境较好、一般和恶化的概率分别为：50%、30% 和 20%。试求：

（1）投资该公司股票 1 年，在各种情况下的投资收益率分别是多少？

（2）投资期望收益率为多少？

（3）投资风险标准差为多少？

解：依题意，各种情况分布如表 4－9 所示：

表 4－9　　宏观经济环境各种情况下的分布

宏观经济环境	概率	年末股价／元	年末股利／元
较好	50%	35	3
一般	30%	32	1
恶化	20%	26	0.5

（1）各种情况下的投资收益率：

宏观经济环境较好：投资收益率 $r_1 = \dfrac{35-30+3}{30} = 26.67\%$；

宏观经济环境一般：投资收益率 $r_1 = \dfrac{32-30+1}{30} = 10\%$；

宏观经济环境恶化：投资收益率 $r_1 = \dfrac{26-30+0.5}{30} = -11.67\%$。

（2）投资期望收益率为：

$$E(r) = \sum_{i=1}^{3} p_i r_i = 50\% \times 26.67\% + 30\% \times 10\% + 20\% \times (-11.67\%) = 14\%$$

（3）标准差为：

$$\sigma = \sqrt{\sum_{i=1}^{3} p_i [r_i - E(r)]^2}$$
$$= \sqrt{50\%\ (26.67\% - 14\%)^2 + 30\%\ (10\% - 14\%)^2 + 20\%\ (-11.67\% - 14\%)^2}$$
$$= 14.73\%$$

二、资产组合收益和风险

1. 相关系数和协方差

假设有金融投资资产 i 和 j，则二者的相关系数 ρ_{ij} 可表示为：

$$\rho_{ij} = \frac{\sigma_{ij}}{\sigma_i \sigma_j}$$

其中，ρ_{ij}：表示金融投资资产 i 和 j 的相关系数；

σ_i：表示金融投资资产 i 的收益率标准差；

σ_j：表示金融投资资产 j 的收益率标准差；

σ_{ij}：表示金融投资资产 i 和 j 收益的协方差。且

$$\sigma_{ij} = \text{cov}(r_i, r_j) = E[(r_i - E(r_i))(r_j - E(r_j))]$$

其中，r_i：表示金融投资资产 i 的收益率；

r_j：表示金融投资资产 j 的收益率；

$E(r_i)$：表示金融投资资产 i 的期望收益率；

$E(r_j)$：表示金融投资资产 j 的期望收益率。

当协方差 $\sigma_{ij} > 0$ 时，表示两种资产的收益率同方向变动；当 $\sigma_{ij} < 0$ 时，表示两种资产的收益率反方向变动。

2. 资产组合的收益与风险

设两种金融资产 1 和 2 进行投资组合，则投资组合的期望收益率为：

$$E(r_p) = \omega_1 E(r_1) + \omega_2 E(r_2)$$

其中，$E(r_p)$：表示两种金融资产 1 和 2 投资组合的期望收益率；

$E(r_1)$：表示金融投资资产 1 的期望收益率；

$E(r_2)$：表示金融投资资产 2 的期望收益率；

ω_i：表示权重，且 $\omega_1 + \omega_2 = 1$。

设两种金融资产 1 和 2 进行投资组合，则投资组合的方差为：

$$\sigma_p^2 = \omega_1^2 \sigma_1^2 + \omega_2^2 \sigma_2^2 + 2\omega_1 \omega_2 \sigma_{12}$$

其中，σ_p：表示两种金融资产 1 和 2 投资组合的标准差；

σ_i：表示金融投资资产 i 的收益率标准差；

σ_{12}：表示金融投资资产 1 和 2 收益的协方差；

ω_i：表示权重，且 $\sum_{i=1}^{n} \omega_i = 1$。

一般地，设有 n 种金融资产进行投资组合，则投资组合的期望收益率为：

$$E(r_p) = \sum_{i=1}^{n} \omega_i E(r_i)$$

资产组合的方差为

$$\sigma_p^2 = E(r_p - E(r_p)) = E[\sum_{i=1}^{n} \omega_i (r_i - E(r_i))] = \sum_{i=1}^{n} \omega_i^2 \sigma_i^2 + 2 \sum_{i=1, i<j}^{n-1} \omega_i \omega_j \sigma_{ij}$$

例：现有投资者进行了三类投资资产的组合：上证指数、深证指数和国债。投资周期为 1 年。相关数据如表 4－10 和表 4－11 所示：

表 4－10　上证指数、深证指数和国债数据

	年化收益率	标准差	投资比重
上证指数	15.6%	20%	50%
深证指数	18.7%	22%	30%
国债	3.8%	1%	20%

表 4 - 11　　各种投资资产之间的相关系数

	上证指数	深证指数	国债
上证指数	1	0.99	-0.1
深证指数	0.99	1	-0.15
国债	-0.1	-0.15	1

试分析该投资组合的收益和风险。

解:该投资组合的期望收益率为

$$E(r_p) = \sum_{i=1}^{3} \omega_i E(r_i) = 50\% \times 15.6\% + 30\% \times 18.7\% + 20\% \times 3.8\% = 14.17\%$$

该投资组合的方差为

$$\begin{aligned}\sigma_p^2 &= \sum_{i=1}^{3} \omega_i^2 \sigma_i^2 + 2 \sum_{i=1, i<j}^{2} \omega_i \omega_j \sigma_{ij} \\ &= (50\%)^2 (20\%)^2 + (30\%)^2 (22\%)^2 + (20\%)^2 (1\%)^2 + 2 \times 50\% \times 30\% \\ &\quad \times (0.99 \times 20\% \times 22\%) + 2 \times 50\% \times 20\% \times ((-0.1) \times 20\% \times 1\%) \\ &\quad + 2 \times 30\% \times 20\% \times ((-0.15) \times 22\% \times 1\%) \\ &= 2.7348 \times 10^{-2}\end{aligned}$$

投资组合的标准差为 $\sigma_p = 16.537\%$。

显然,组合的风险都小于上证指数和深证指数的风险。

例:现有某投资者把 100 万元进行资产投资组合:信托基金和国债。相关数据如表 4 - 12 所示:

表 4 - 12　　信托基金和国债数据

	预期收益率	标准差
信托基金	15%	0.25
国债	6%	0

这两种投资资产收益的相关系数为 0。试求:

(1) 若想得到预期收益率为 10%,如何确定投资组合?

(2) 投资者希望控制风险为 $\sigma_p = 5\%$,如何确定投资组合?

解:依题意,该投资组合的预期收益率为

$$E(r_p) = \omega_1 E(r_1) + \omega_2 E(r_2) = 15\% \omega_1 + 6\% \omega_2$$

该投资组合的方差为

$$\sigma_p^2 = \omega_1^2 \sigma_1^2 + \omega_2^2 \sigma_2^2 + 2\omega_1 \omega_2 \sigma_{12} = \omega_1^2 (0.25)^2 + \omega_2^2 \times 0^2 = (0.25\omega_1)^2$$

其标准差为

$$\sigma_p = 0.25\omega_1$$

且 $\omega_1 + \omega_2 = 1$。

(1) 由已知,有

$$E(r_p) = 15\%\omega_1 + 6\%(1 - \omega_1) = 10\% \Rightarrow \omega_1 = \frac{4}{9}$$

投资者为了获得10% 的预期收益率,其投资组合是:把100万的 $\omega_1 = \frac{4}{9}(100 \times \frac{4}{9})$ 投资于风险资产的信托基金,把 $100 \times \frac{5}{9}$ 投资于国债。

(2) 由已知,有

$$\sigma_p = 0.25\omega_1 = 5\% \Rightarrow \omega_1 = 0.2$$

投资者为了把风险控制到 $\sigma_p = 5\%$,其投资组合是:把100万的 $\omega_1 = 0.2(100 \times 0.2 = 20$ 万) 投资于风险资产的信托基金,把80万投资于国债。

第五章　金融稳健统计分析

第一节　金融稳健统计概述

编制金融稳健指标的必要性来自于金融危机和政策制定者决策的需要。20世纪,金融危机频繁发生:1992年的英镑危机、1994年的墨西哥金融危机,1997年东南亚金融危机、2002年阿根廷金融危机。如此频繁的金融危机,使得金融体系的稳健性成为各国政府和国际金融机构关注的重要问题。

1996年,国际货币基金组织(IMF)发布的《金融稳健和宏观经济分析》研究报告,总结回顾了1980年至1994年间国际货币基金组织成员国所发生的金融危机,国际货币基金组织(IMF)开始着手进行度量金融稳健性的研究工作。但不久,爆发了1997年的东南亚金融危机。这场危机使得人们认识到更及时、更高质量的金融稳健指标的重要性。1999年5月,国际货币基金组织(IMF)和世界银行联合推出了《金融部门评估规划》(简称FSAP),建立了关于金融体系的稳定性评估方案,利用金融稳健指标,评价各成员国金融体系的稳健程度和内在的脆弱性,并对存在的金融脆弱性因素提出客观意见。

目前,已经有100多个经济体参加或承诺参加《金融部门评估规划》(FSAP),国际货币基金组织(IMF)已完成对70多个经济体的金融稳定评估。1999年9月,国际货币基金组织(IMF)在其总部举办了一次咨询会,以研究如何有效衡量金融机构稳健运行的早期工作。国际货币基金组织(IMF)深知衡量金融稳健与否,必须有充分的数据来支持,故对其会员国及区域国际机构进行了一次调查,借此找出在宏观审慎分析中较为重要的指标。2001年6月,国际货币基金组织(IMF)提出了金融稳健性指标(Financial Soundness Indicators,简称FS)体系的初步方案和框架,并向各成员国和世界各地的经济组织和标准制订机构广泛征求意见。2002年9月,国际货币基金组织推出了《金融稳健指标编制指南(草稿)》;2003年6月,国际货币基金组织对金融稳健指标进行了修订;2004年7月,在广泛征求了专家、学者以及各成员国的意见后,正式推出了《金融稳健指标编制指南》。IMF希望于2006年年底在全球范围内建立一个金融稳健性指标评价体系。通过统一规范的报告、披露和评价标准,来监督金融机构和市场是否在安全稳健的状况下运作。《金融稳健指标编制指南》(2006)(简称《指南》)由国际货币基金组织统计部金融机构二处在圣·荷西的领导下编写的,《指南》中译文由赵秀珍等审核。国际货币基金组织执行董事会认为:"《指南》是一个里程碑,在金融稳健指标的编制和公布方面,就概念和定义、数据来源及技术提供了标准参照"。

《金融稳健指标编制指南》的主要目的是对国际货币基金组织执行董事会确定的金融稳健指标的概念、定义、来源以及编制和公布技术提供一个指导。其主旨在于鼓励金融稳健指标的编制,促进这些数据的跨国比较,并对金融稳健指标数据的编制者和使用者提供帮助,支持对各国和国际金融体系的监管。金融稳健指标是衡量一国金融机构整体以及作为金融机构客户的公司和住户部门的当前金融健康状况和稳健性的指标;是反映一国金融机构及其对应方:公司和住户的金融健康状况和稳健性的一系列指标;是一套较新的经济统计数据,反映各种因素的综合影响。

《金融稳健指标编制指南》(2006)的内容包括四个部分共15章。

第一章:导言。阐述了编制指南的背景、主要内容和结构。

第一部分:概念框架;包括第二章至第五章。

第二章:金融体系概述

第三章:金融稳健指标的会计原则

第四章:会计框架和部门财务报表

第五章:数据的加总与合并

第二部分:金融稳健指标的说明;包括第六章至第九章。

第六章:关于存款吸收机构金融稳健指标的说明

第七章:关于其他部门金融稳健指标的说明

第八章:金融市场

第九章:房地产价格指数

第三部分:金融稳健指标的编制与公布;包括第十章至第十二章。

第十章:战略和管理问题

第十一章:金融稳健指标数据的编制:实践问题

第十二章:金融稳健指标比率和有关数据的公布

第四部分:金融稳健指标分析;包括第十三章至第十五章。

第十三章:金融稳健指标和宏观审慎分析

第十四章:具体的金融稳健指标有哪些用途

第十五章:同类组分析和描述性统计量

第二节　金融稳健统计指标体系

一、金融稳健指标体系

金融稳健统计是通过一系列指标实现的。《金融稳健指标编制指南》(2006)列出了核心类指标和鼓励类指标。其中核心类指标指存款吸收机构中的五类指标:资本充足性、资产质量、收益和利润、流动性和对市场风险的敏感性。具体见表5-1。

表 5－1　　　　　　　　　　金融稳健指标：核心类指标

核心类指标	
存款吸收机构	
资本充足性	监管资本/风险加权资产
	监管一级资本/风险加权资产
资产质量	(不良贷款—准备金)/资本
	不良贷款/全部贷款总额
	部门贷款/全部贷款
收益和利润	资产回报率
	股本回报率
	利差收入/总收入
	非利息收入/总收入
流动性	流动性资产/总资产(流动性资产比率)
	流动性资产/短期负责
对市场风险的敏感性	外汇净开放头寸/资本金

鼓励类指标是其他辅助性指标。包括存款吸收机构、其他金融公司、非金融公司部门、住户的相关指标，外加上市场流动性和房地产市场指标。具体见表 5－2：

表 5－2　　　　　　　　　　金融稳健指标：鼓励类指标

鼓励类指标	
存款吸收机构	资本/资产
	大额风险暴露/资产
	按地区分布的贷款/全部贷款
	金融衍生工具中的总资产头寸/资本
	金融衍生工具中的总负债头寸/资本
	交易收入/总收入
	人员支出/非利息支出
	参考贷款利率与存款利率之差
	最高与最低同业拆借利率之差
	客户存款/全部(非同业拆借)贷款
	外汇计值贷款/总贷款
	外币计值负债/总负债
	股本净开放头寸/资本
其他金融公司	资产/金融体系总资产
	资产/国民生产总值

表5－2(续)

鼓励类指标	
非金融公司部门	总负债/股本
	股本回报率
	收益/利息和本金支出
	外汇风险暴露净额/股本
	破产保护的申请数量
住户	住户债务/国民生产总值
	住户还本付息支出/收入
市场流动性	证券市场的平均价差
	证券市场平均日换手率
房地产市场	房地产价格
	住房房地产贷款/总贷款
	商业房地产贷款/总贷款

金融市场包括货币市场、证券市场、外汇市场和衍生工具市场等。根据市场规模和各国的经验，不同市场对金融稳定的影响程度如图5－1所示。

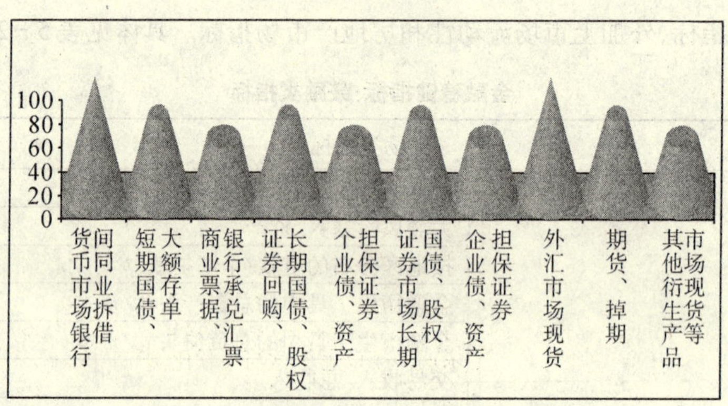

图5－1　金融市场对金融稳健的影响程度

二、中国金融稳健统计分析

中国金融稳健统计是由中国人民银行执行。目前，我国对于金融稳健统计的需求基本具有宏观经济统计基础、会计核算基础和市场统计基础。因为我国的国民经济统计、货币银行统计和国际收支统计基本上是按照国民核算体系、货币金融统计和国际收支统计的框架建立的；会计制度基本符合国际通行做法；对房地产市场和金融市场建立了相关统计体系。但我国目前的金融稳健统计的合并方法不符合国际的要求；估价方法和监管标准还存在差距。

我国金融稳健统计由六个部分组成：银行业指标、非存款金融机构指标、金融市场指标、房地产市场指标、企业部门指标和住户部门指标。具体见表5-3：

表5-3　中国金融稳健统计指标体系

分类	指标
一、银行业指标	
基本情况	总资产
	贷款
	总负债
	存款
	所有者权益
	本年利润
资本充足	表内风险资产
	表外风险资产
	资本净额
	核心资本充足率
	资本充足率
资产质量	逾期贷款率
	呆滞贷款率
	呆账贷款率
	不良贷款率
流动性	资产流动性比例
	准备金比例
	余期1年以上贷款与存款比例(人民币)
	余期1年以上贷款与存款比例(外汇)
效益	利息回收率
	资本利润率
	资产利润率
总量控制	贷款与存款比例(人民币)
	贷款与存款比例(外汇)
	拆入资金与各项存款比例
	拆出资金与各项存款比例

表5－3(续)

分类	指标
贷款行业部门和地区结构	各行业贷款占全部贷款的比重(余额)
	各行业贷款占全部贷款的比重(新增额)
	各地区贷款占全部贷款的比重(余额)
	各地区贷款占全部贷款的比重(新增额)
外汇资产和负债	外汇资产占全部资产的比例
	外汇负债占全部负债的比例
二、非存款金融机构	
	非存款类金融机构资产与金融机构总资产比例
	非存款类金融机构资产与国民生产总值比例
三、金融市场	
	股票市场
	债券市场
	银行间市场
	外汇市场
四、房地产市场	
	房地产投资指标
	房地产销售指标
	房地产价格指标
	房地产信贷指标
五、企业部门	
	规模以上工业企业财务指标
	5 000 户大型企业财务状况指标
六、住户部门	
	住户部门债务与国民生产总值比率
	住户部门债务负担与可支配收入比率

第三节　数据公布系统

国际货币基金组织(IMF)意识到,一些国家的宏观经济政策以及宏观经济运行情况不够透明是金融危机爆发的主要原因。国际货币基金组织(IMF)在货币与金融统计数据质量和金融稳健指标方面,也先后制定并颁发了一系列国际统计标准:《数据公布特殊标准》(1996)(简称 SDDS)与《数据公布通用系统》(1997)(简称 GDDS)、《货币统计数据质量评估框架》(2001)(简称 DQAF)和《金融稳健指标编制指南》(2004)(简称 CGFSI)等。

1996 年 3 月,国际货币基金组织(IMF)颁布了《数据公布特殊标准》(Special Data Dissemination Standards,简称 SDDS),这是统计数据公布的国际标准。1997 年 12 月,国际货币基金组织又制定完成了《数据公布通用系统》(General Data Dissemination System,简称 GDDS)。这是两个层次的数据发布标准,其中:《数据公布特殊标准》(SDDS)对数据的要求要严格一些;要求参加国报告主要的宏观和金融数据,生产和发布数据的过程,以及对数据的诠释,并对数据发布的频率、及时性、完整性、公众获取性等方面作了具体规定;只有满足了这些要求的国家才可加入,这些国家包括多数工业国家和一些新兴市场国家。《数据公布通用系统》(GDDS)的要求相对宽松一些;其基本宗旨是:鼓励成员国改善数据的质量;提供评价数据改善的必要性和确定改善重点的框架;在经济和金融一体化的背景下,指导成员国向公众提供全面、及时、容易获得和可靠的经济、金融和社会人口统计数据;GDDS 在加入方面没有严格的条件限制,只要求参加国承诺用 GDDS 作为本国统计体系发展的框架,因此,《数据公布通用系统》(GDDS)适用于所有成员国,特别适用于统计基础较薄弱的国家,这是为所有尚未到达《数据公布特殊标准》(SDDS)要求的成员国制定的另一套标准。2004 年 4 月 15 日,国际货币基金组织(IMF)首次以英文公布了中国统计数据文件,这标志着中国成为国际货币基金组织(IMF)的《数据公布通用系统》(GDDS)的正式成员。这对于中国可以充分利用推行和采用统计数据透明度标准的契机,大力提高中国统计工作的质量和水平;有利于加快中国统计与国际统计标准的接轨进程;有利于提高中国经济的透明度,相应提高社会经济运行效率起到积极的作用。

一、IMF 制定 GDDS、SDDS 的背景

1994 年年末,墨西哥发生了严重的金融危机,导致国际金融市场剧烈动荡。IMF 作为一个以稳定成员国汇率、维持成员国国际收支平衡为主要职能的国际机构,由于没有掌握墨西哥经济金融的统计数据,对危机爆发前金融市场出现的危险征兆未能察觉,危机爆发后,IMF 不知所措。危机持续一个多月之后,IMF 才制订出援助计划和墨西哥经济调整方案。

1997 年东南亚金融危机首先从泰国爆发,并迅速波及亚洲其他国家乃至整个世界。东南亚金融危机的爆发,使得 IMF 再次认识到,经济缺乏透明度是新兴市场经济国家发生金融危机的重要原因,只有在信息充分、制度健全、执法严格的情况下,市场经济才能更好地运作。

两次金融危机给 IMF 深刻教训的同时,也对其职能提出了挑战。为此,IMF 认为,在新的国际经济、金融形势下,必须制定统一的数据发布标准,使各成员国按照统一程序提供全面、准确的经济金融信息。这就是《数据公布特殊标准》(SDDS)和《数据公布通用系统》(GDDS)出台的国际背景。

二、GDDS、SDDS 的内容及要求

GDDS 、SDDS 主要涉及实际、财政、金融、对外和社会人口五大统计部门,具体内容包括数据的范围、频率和及时性,公布数据的质量,公布数据的完整性和公众获取四个部分。对其每一项内容,GDDS、SDDS 都提出了较为严格的要求,并列举了两到四种良好做法,作为各国数据编制和公布系统的目标。

(一)《数据公布通用系统》(GDDS)的主要要求

GDDS 的主要要求包括统计范围、公布频率和公布及时性。

1. 统计范围

GDDS 将国民经济活动划分为五大经济部门:实际部门、财政部门、金融部门、对外部门和社会人口部门。对每一部门各选定一组能够反映其活动实绩和政策,并帮助理解经济发展和结构变化的最重要的数据类别。系统提出了五大部门综合框架、数据类别和指标。具体如表 5 -4 和表 5 -5 所示:

表 5 -4　　GDDS 的数据规范:综合框架

核心框架		鼓励编制的指标	频率	及时性
框架	范围、分类和分析框架			
实际部门				
国民账户	编制和公布全套的名义和实际国民账户总量和平衡项目,得出国内生产总值、国民总收入、可支配总收入、消费、储蓄、资本形成、净贷款、净借款。编制和公布有关的部门账户以及国家和部门的资产负债表		年度	10 ~14 个月
财政部门				
中央政府操作	编制和公布交易和债务的综合数据,需强调:(1)包括所有的中央政府单位;(2)使用适当的分析框架;(3)建立一整套详细的分类标准(税收和非税收收入、经常性和资本性支出、国内及国外融资),并适当细分(根据债务持有人、债务工具和币种)。	广义政府或公共部门操作数据,在地方政府或公共企业操作具有重要分析或政策意义的国家尤其鼓励。	年度	6 ~9 个月
金融部门				
存款性公司概览	编制和公布综合的数据,需强调:(1)包括所有的存款公司(银行机构);(2)使用适当的分析框架;(3)建立对外资产和负债、按部门分类的国内信贷以及货币(流动性)和非货币债务构成的分类标准。		月度	2 ~3 个月

表5－4(续)

核心框架		鼓励编制的指标	频率	及时性
框架	范围、分类和分析框架			
对外部门				
国际收支	编制和公布综合的国际收支主要总量数据和平衡项目,包括货物和服务的进口和出口、贸易差额、收入和转移、经常项目差额、储备和其他金融交易、总余额,并适当进行细分。	国际投资头寸和总体经济外债数据(如果这些数据具有重要的分析和政策意义)	年度	6～9个月

表5－5　**GDDS的数据规范:数据类别和指标**

数据类别	核心指标	鼓励编制的指标	频率	及时性
实际部门				
国民账户总量	国内生产总值(名义和实际)	国民总收入、资本形成、储蓄	年度(鼓励季度)	6～9个月
生产指数	制造业或工业指数; 初级产品、农业或其他指标(视具体情况)		月度(视具体情况)	所有指标都为6～12周
价格指数	消费者价格指数	生产者价格指数	月度	1～2个月
劳动力市场指标	就业、失业,工资/收入(视具体情况)		年度	6～9个月
财政部门				
中央政府预算总量	收入、支出、差额和融资,视具体情况进行细分(根据债务持有人、债务工具和币种)	利息支付	季度	1个季度
中央政府债务	内债和外债,视具体情况适当细分(按币种、期限、债务持有人和债务工具)	政府担保债务	年度(鼓励季度)	1～2个季度
金融部门				
广义货币和信贷总量	对外净头寸、国内信贷、广义或狭义货币		月度	1～3个月
中央银行总量	储备货币		月度	1～2个月
利率	短期和长期政府性可变利率	货币或银行间市场利率即一系列存贷款利率	月度	高频率出版物的一部分

表5-5(续)

数据类别	核心指标	鼓励编制的指标	频率	及时性
股票市场		股票价格指数(视具体情况)	月度	高频率出版物的一部分
对外部门				
国际收支总量	货物和服务的进口和出口、经常账户差额、储备、总差额	总体经济的外债和偿债数据(视具体情况)	年度(十分鼓励季度)	6个月
国际储备	以美元标价的官方储备总额	与储备有关的负债	月度	1~4周
商品贸易	总进口和总出口	较长时间的主要商品的分类	月度	8周~3个月
汇率	即期汇率		每日	高频率出版物的一部分
社会人口部门				
人口	人口;人口增长率;城市人口;农业人口;人口性别;人口的年龄构成		各国公布频率会各不相同;及时性也不尽相同	
保健	每个医生照顾人口数;预期寿命;婴儿/儿童/产妇死亡率			
教育	成年人文盲率、学生—教师比率、小学/中学入学率			
贫困状况	获得洁净水的情况、卫生;每个房间居住的人数;收入分配;最低收入标准以下的家庭数			

GDDS将选定的数据类别分为规定性和鼓励性两类,目的是给予成员国公布统计数据一定的灵活性。鼓励性一类是要成员国争取发布的,条件不具备的可以暂不发布。数据类别下构成要素,有些后面注明“视具体情况”,即成员国认为该项统计不符合本国实际的,可以不编制发布。

2. 公布频率

公布频率是指统计数据编制发布的时间间隔。某项统计数据的公布频率需要根据调查、编制的工作难度和使用者的需要来决定。系统鼓励改进数据的公布频率。GDDS对列出的数据类别的公布频率作了统一规定。

3. 公布及时性

公布及时性是指统计数据公布的速度。统计数据公布的及时性受多种因素制约,如资料整理和计算手续的繁简,数据公布的形式等。GDDS规定了间隔的最长时限。如按季度统计的国民生产总值数据规定在下一季度内发布,按月度统计的生产指数规定在6

周至3个月内公布。当然,GDDS规定的发布周期和发布及时性还是列出了一些灵活处理和变通的办法。

(二)《数据公布特殊标准》(SDDS)的主要要求

1. 统计范围

SDDS将国民经济活动划分为四大经济部门:实际部门、财政部门、金融部门、对外部门,鼓励公布人口总量数据,但只作为附表。与GDDS一样,SDDS对每一部门各选定一组能够反映其活动实绩和政策,并帮助理解经济发展和结构变化的最重要的数据类别。选定的数据类别分为:必需的、受鼓励和"视相关程度"三类。

必需的数据类别包括:①综合统计框架,如实际部门的国民账户、财政部门中的广义政府或公共部门的运作、金融部门中银行体系的分析账户以及对外部门中的国际收支账户。②跟踪性数据种类,如实际部门中的生产指数,财政部门中的中央政府的运作,金融部门的中央银行分析账户等。③与部门有关的其他数据种类,例如实际部门的劳动市场和价格统计,金融部门中的利率和对外部门中的汇率。

除必须公布的数据外,特殊标准还提供了一些受鼓励的指标和"视相关程度"指标。如,国民账户中的储蓄、国内总收入是受鼓励的指标,股票市场中的股票价格指数为视相关程度指标。与GDDS数据分类目的相似,SDDS将选定的数据类别分为必需的、受鼓励的和"视相关程度"三类,目的也是给予成员国公布统计数据一定的灵活性。鼓励性一类是要成员国争取发布的,条件不具备的可以暂不发布。"视相关程度"一类,即成员国认为该项统计不符合本国实际的,可不编制发布,见表5-6。

表5-6　　SDDS:统计范围、频率和及时性

统计数据的范围			频率	及时性
必需的		鼓励的种类或分项		
数据种类	分项			
实际部门				
国民账户:名义、实际和相关价格	按主要支出种类和生产部门计算的国民生产总值	储蓄,国内总收入	季	季
生产指数	工业、初级产品,或部门(视相关程度)		月(或视相关程度)	6个星期(鼓励按月或视相关程度)
		前瞻性指标,如:一些主要的综合性指标指数	月或季	月或季
劳动力市场	就业、失业和工资/收入(视相关程度)		季	季
物价指数	消费物价和生产者或批发价格		月	月
财政部门				

表5－6(续)

统计数据的范围			频率	及时性
必需的		鼓励的种类或分项		
数据种类	分项			
广义政府或公共部门的运作(视相关程度)	收入,支出,余额,和国内(银行及非银行)及国外融资	利息支付	年	2个季度
中央政府的运作	预算账户:收入,支出,余额和国内(银行及非银行)及国外融资	利息支付	月	月
中央政府债务	国内和国外债务(分币种)(包括保值公债)(视相关程度);分期限(视相关程度);分是否有中央政府担保(视相关程度)	债务偿还的预测;对中长期债务的利息和分期偿还(最近4个季度是按季预测的,然后是按年)及对短期债务分期偿还的预测	季	季
金融部门				
银行部门的分析账户	货币总量、公共和私人部门的国内信贷,对外头寸		月	月
中央银行的分析账户	储备货币,公共和私人部门的国内债权,对外头寸		月(鼓励按星期)	2个星期(鼓励按星期)
利率	短期和长期政府债券利率,政策性可变利率	代表性存贷款利率	天	不严格要求
股票市场	股票价格指数(视相关程度)		天	不严格要求
对外部门				
国际收支	商品和服务,净收入流动,净经常转移,主要资本(或资本和金融)账户项目(包括储备)	外国直接投资和有价证券投资	季	季
国际储备	官方总储备(黄金,外汇,特别提款权和在基金组织的头寸)和美元官方负债	与储备有关的负债(视相关程度)	月(鼓励按星期)	周
商品贸易	出口和进口	较长时间间隔的主要商品细分	月	8周(鼓励按4~6周)
国际投资头寸	直接投资、有价证券投资(包括股本和债务)、其他投资及储备	根据发行债券的货币种类和最初期限(如短、中、长期)进行细分	年	2个季度(鼓励按季)
汇率	现期和3至6个月的远期市场汇率(视相关程度)		天	不严格要求
附表:人口		主要构成	年	

2. 公布的频率和及时性

SDDS 在数据公布频率和及时性上，提出了相当高的要求，目的是为了使成员国以最快的频率、最高的时效性，向社会公布统计信息，从而加强社会公众对经济运行的理解和把握。

（三）公布数据的质量

对于统计质量的检查，GDDS 、SDDS 选定两条规则作为评估统计数据质量的标准。一是成员国提供数据编制方法和数据来源方面的资料。资料可以采取多种形式，包括公布数据时所附的概括性说明、单独出版物和可从编制者得到的文件。同时也鼓励成员国准备并公布重要的关于数据质量特征的说明（例如，数据可能存在的误差类型、不同时期数据之所以不可比的原因、数据调查的范围或调查数据的样本误差等）。二是提供统计类目核心指标的细项内容及与其相关的统计数据的核对方法，以及支持数据交叉复核并保证合理性的统计框架。为了支持和鼓励使用者对数据进行核对和检验，规定在统计框架内公布有关总量数据的分项，公布有关数据的比较和核对。统计框架包括会计等式和统计关系。比较核对主要针对那些跨越不同框架的数据，例如，作为国民账户一部分的进出口和作为国际收支一部分的进出口的交叉核对。

与数据质量密不可分的是制定和公布改进数据的计划。所准备和公布的改进计划应包含所有数据缺陷的部门。统计当局应表明下述立场中的一个：①针对已发现缺陷的改进计划；②最近实施的改进措施；③国家认定不需再改进。

（四）公布数据的完整性

为了实现向公众提供信息的目的，官方统计数据必须得到用户的信赖；同时，统计使用者对官方统计的信任感归根到底是对官方统计数据编制机构的客观性和专业性的信任。而统计机构的工作实践和程序的透明度是产生这种信任的关键因素。因此，为了监督统计数据的完整性，GDDS 、SDDS 规定了四条检查规则：一是成员国必须公布编制统计数据的条件和规定，特别是为信息提供人保密的规定。统计机构进行统计所依据的条件和规定可以有多种形式，例如统计法、章程和行为规则，其中所包含的条件和规定可以针对统计单位与上级部门之间的关系，收集数据的法律权限，向公众发布所收集数据的要求等等。为信息提供人保密是形成使用者对官方统计客观性信任的关键所在，GDDS 、SDDS 建议在国家的统计立法和统计主管官员权限中反映出来，或者明文规定官方必须为个人调查答卷保密。二是关于数据公布前政府机构从内部获取数据的说明。GDDS 要求开列数据编制机构以外的、可以在数据发布前获得数据信息的政府人员名单及职位。三是政府部门在数据公布时的评述。列出数据发布后哪些政府部门有资格进行评论，因为政府部门的评述不一定像官方统计编制机构那样具有很高程度的客观性，政府部门对数据的评论往往带有政治偏见。这种做法的目的使公众了解这些评述的出处。四是必须提供数据修正方面的信息并提前通知统计方法的重大修改。为了增加统计数据编制机构做法的透明度，本项规范要求提供关于过去所做的修正以及今后可能修正的主要原因的信息。关于统计修正的主要原因的信息包括进行修正所遵循的原则和以往修正数据的幅度；在公布修正原则和修正后的数据之前，应先制定修正原则，然后再相应地修改数据。在建立统计制度过程中，统计方法会发生变化。事先通知可采取多种形式,至少应该在最后一次公布未修改数据时做简短说明,这种说明应指出将要做出何种修改以及从那里可以获得更详细的信息。

(五)公众获取

SDDS、GDDS 对此制定了两项规划:一是成员国要预先公布各项统计的发布日历表。预先公布统计发布日程表既可方便使用者安排利用数据,又可显示统计工作管理完善和表明数据编制的透明度。GDDS 鼓励成员国向公众公布发布最新信息的机构或个人的名称或地址。二是统计发布必须同时发送所有有关各方。官方统计数据的公布是统计数据作为一项公共产品的基本特征之一,及时和机会均等地获得统计数据是公众的基本要求。因此 GDDS 、SDDS 规定应向所有有关方同时发布统计数据,以体现公平的原则。发布时可先提供概括性数据,然后再提供详细的数据,当局应至少提供一个公众知道并可以进入的地方,数据一经发布,公众就可以公平地获得。

SDDS 和 GDDS 的目的都是向成员国提供一套在数据采集和披露方面的指导标准,使各国在向公众提供全面、及时、容易获得和可靠的数据方面有共同的依据。SDDS 和 GDDS 的区别在于,SDDS 是一套数据公布的特殊标准,其对数据的覆盖范围、频率和时效有精确、具体的要求,其重点是频繁和及时地公布数据。而 GDDS 是一个数据公布的通用系统,它强调花时间改进数据,向更高的质量、更快的频率和更高的时效努力。因此,SDDS 的成员国一般已经达到很高的数据质量标准,统计框架已经很充分和全面;GDDS 的核心是提高数据质量,对更多的国家具有现实意义。

由于 SDDS 和 GDDS 的框架大致相同,其统计数据的核心框架和核心指标基本一致,只是在公布频率和公布及时性方面有些差异。IMF 认为,GDDS 可以作为实现 SDDS 的桥梁或跳板。

附录1:标准正态概率分布表

$\varphi(\chi) = \frac{1}{\sqrt{2\pi}}\int_0^{\chi} e^{\frac{-z^2}{2}} dz + 0.5$,表中$\chi = a + b$,$\varphi(\chi)$ 为待查值。

a \ b	0.00	0.01	0.02	0.03	0.04	0.05	0.06	0.07	0.08	0.09
0.0	0.500 0	0.504 0	0.508 0	0.512 0	0.515 9	0.519 9	0.523 9	0.529 7	0.531 9	0.535 8
0.1	0.539 8	0.543 8	0.547 8	0.551 7	0.555 7	0.559 6	0.563 6	0.567 5	0.571 4	0.575 3
0.2	0.579 3	0.583 2	0.587 1	0.590 9	0.594 8	0.598 7	0.602 6	0.604 6	0.610 3	0.614 1
0.3	0.617 9	0.621 7	0.625 5	0.629 3	0.633 1	0.636 8	0.640 6	0.644 3	0.648 0	0.651 7
0.4	0.655 4	0.659 6	0.662 8	0.666 4	0.670 0	0.673 6	0.677 2	0.680 8	0.684 4	0.687 9
0.5	0.691 5	0.695 0	0.698 5	0.701 9	0.705 4	0.708 8	0.712 3	0.715 7	0.719 0	0.722 4
0.6	0.725 7	0.729 1	0.732 4	0.735 6	0.738 9	0.742 1	0.745 4	0.748 6	0.751 7	0.754 9
0.7	0.758 0	0.761 1	0.764 2	0.767 3	0.770 3	0.773 4	0.776 4	0.779 3	0.782 3	0.785 2
0.8	0.778 1	0.791 0	0.793 9	0.796 7	0.799 5	0.802 3	0.805 1	0.807 8	0.810 6	0.813 3
0.9	0.815 9	0.818 6	0.821 2	0.823 8	0.826 4	0.829 8	0.831 5	0.834 0	0.836 5	0.838 9
1.0	0.841 3	0.843 7	0.846 1	0.845 8	0.850 8	0.853 1	0.855 4	0.857 7	0.859 9	0.862 1
1.1	0.864 3	0.866 5	0.868 6	0.870 8	0.872 9	0.874 9	0.877 0	0.879 0	0.881 0	0.883 0
1.2	0.884 9	0.885 9	0.888 0	0.890 6	0.892 5	0.894 3	0.896 2	0.898 0	0.899 7	0.901 5
1.3	0.903 2	0.904 9	0.906 6	0.908 2	0.909 9	0.911 5	0.913 1	0.914 7	0.916 2	0.917 7
1.4	0.919 2	0.920 7	0.922 2	0.923 6	0.925 1	0.926 5	0.927 9	0.929 2	0.930 6	0.931 9
1.5	0.933 2	0.934 5	0.935 7	0.937 0	0.938 2	0.939 4	0.940 6	0.941 8	0.942 9	0.944 1
1.6	0.945 2	0.946 3	0.947 4	0.948 4	0.949 5	0.950 5	0.951 5	0.852 5	0.953 5	0.954 5
1.7	0.955 4	0.956 4	0.957 3	0.958 2	0.959 1	0.959 9	0.960 8	0.961 6	0.952 5	0.963 3
1.8	0.964 1	0.964 9	0.965 6	0.966 4	0.967 1	0.967 8	0.968 6	0.969 3	0.969 9	0.970 6
1.9	0.971 3	0.971 9	0.972 6	0.963 2	0.973 8	0.974 4	0.975 0	0.975 6	0.976 1	0.976 7
2.0	0.977 2	0.977 8	0.978 3	0.978 8	0.979 3	0.979 8	0.980 3	0.980 8	0.981 2	0.981 7
2.1	0.982 1	0.982 6	0.983 0	0.983 4	0.983 8	0.984 2	0.984 6	0.985 0	0.958 4	0.985 7
2.2	0.986 1	0.986 4	0.986 8	0.987 1	0.987 5	0.987 8	0.988 1	0.988 4	0.988 7	0.989 0

表(续)

a \ b	0.00	0.01	0.02	0.03	0.04	0.05	0.06	0.07	0.08	0.09
2.3	0.989 3	0.989 6	0.989 8	0.990 1	0.990 4	0.990 6	0.990 9	0.991 1	0.991 3	0.991 6
2.4	0.991 8	0.992 0	0.992 2	0.992 5	0.992 7	0.992 9	0.993 1	0.993 2	0.993 4	0.993 6
2.5	0.993 8	0.994 0	0.994 1	0.994 3	0.994 5	0.994 6	0.994 8	0.994 9	0.995 1	0.995 2
2.6	0.995 3	0.995 5	0.995 6	0.995 7	0.995 9	0.996 0	0.996 1	0.996 2	0.996 3	0.996 4
2.7	0.996 5	0.996 6	0.996 7	0.996 8	0.996 5	0.997 0	0.991 7	0.997 2	0.997 3	0.997 4
2.8	0.997 4	0.997 5	0.997 6	0.997 7	0.997 7	0.997 8	0.997 9	0.997 9	0.998 0	0.998 1
2.9	0.998 1	0.998 2	0.998 2	0.998 3	0.998 4	0.998 4	0.998 5	0.998 5	0.998 6	0.998 6
3.0	0.998 6	0.998 7	0.998 7	0.998 8	0.998 8	0.998 9	0.998 9	0.998 9	0.999 0	0.999 0
-3.0	0.001 4	0.001 3	0.001 3	0.001 2	0.001 2	0.001 1	0.001 1	0.001 1	0.001 0	0.001 0
-2.9	0.001 9	0.001 8	0.001 8	0.001 7	0.001 6	0.001 6	0.001 5	0.001 5	0.001 4	0.001 4
-2.8	0.002 6	0.002 5	0.002 4	0.002 3	0.002 3	0.002 2	0.002 1	0.002 1	0.002 0	0.001 9
-2.7	0.003 5	0.003 4	0.003 3	0.003 2	0.003 1	0.003 0	0.002 9	0.002 8	0.002 7	0.002 6
-2.6	0.004 7	0.004 5	0.004 4	0.004 3	0.004 1	0.004 0	0.003 9	0.003 8	0.003 7	0.003 6
-2.5	0.006 2	0.006 0	0.005 9	0.005 7	0.005 5	0.005 4	0.005 2	0.005 1	0.004 9	0.004 8
-2.4	0.008 2	0.008 0	0.007 8	0.007 5	0.007 3	0.007 1	0.006 9	0.006 8	0.006 6	0.006 4
-2.3	0.010 7	0.010 4	0.010 2	0.009 9	0.009 6	0.009 4	0.009 1	0.008 9	0.008 7	0.008 4
-2.2	0.013 9	0.013 6	0.013 2	0.012 9	0.012 5	0.012 2	0.011 9	0.011 6	0.011 3	0.011 0
-2.1	0.071 9	0.017 3	0.017 0	0.016 6	0.016 2	0.015 8	0.015 4	0.015 0	0.014 6	0.014 3
-2.0	0.022 8	0.022 2	0.021 7	0.021 2	0.020 7	0.020 2	0.019 7	0.019 2	0.018 8	0.018 3
-1.9	0.028 7	0.028 1	0.027 4	0.026 8	0.026 2	0.025 6	0.025 0	0.024 4	0.023 9	0.023 3
-1.8	0.035 9	0.035 1	0.034 4	0.033 6	0.032 9	0.032 9	0.031 4	0.030 7	0.030 1	0.029 4
-1.7	0.044 6	0.043 6	0.042 7	0.041 8	0.040 9	0.040 9	0.039 2	0.038 4	0.037 5	0.036 7
-1.6	0.054 8	0.053 7	0.052 6	0.051 6	0.050 5	0.050 5	0.048 5	0.046 5	0.047 5	0.045 5
-1.5	0.066 8	0.066 5	0.064 3	0.063 0	0.061 8	0.061 8	0.059 4	0.058 2	0.057 1	0.055 9
-1.4	0.080 8	0.079 3	0.077 8	0.076 4	0.074 9	0.073 5	0.072 1	0.070 8	0.069 4	0.068 1
-1.3	0.096 8	0.095 1	0.093 4	0.091 8	0.090 1	0.088 5	0.086 9	0.085 3	0.083 8	0.082 3
-1.2	0.115 1	0.113 1	0.111 2	0.109 4	0.107 5	0.105 7	0.103 8	0.102 0	0.100 3	0.098 5
-1.1	0.135 7	0.133 5	0.131 4	0.129 2	0.127 1	0.125 1	0.123 0	0.121 0	0.119 0	0.117 0
-1.0	0.158 7	0.156 3	0.153 9	0.151 5	0.149 2	0.146 9	0.144 6	0.142 3	0.140 1	0.137 9
-0.9	0.184 1	0.181 4	0.178 8	0.176 2	0.173 6	0.171 1	0.168 5	0.166 0	0.163 5	0.161 1

表(续)

b / a	0. 00	0. 01	0. 02	0. 03	0. 04	0. 05	0. 06	0. 07	0. 08	0. 09
-0. 8	0. 211 9	0. 209 0	0. 906 1	0. 203 3	0. 200 5	0. 197 7	0. 194 9	0. 192 2	0. 189 4	0. 186 7
-0. 7	0. 242 0	0. 238 9	0. 235 8	0. 232 7	0. 229 7	0. 226 6	0. 223 6	0. 220 7	0. 217 7	0. 214 8
-0. 6	0. 274 3	0. 270 9	0. 267 6	0. 264 4	0. 261 1	0. 257 9	0. 254 6	0. 251 4	0. 248 3	0. 245 1
-0. 5	0. 308 5	0. 305 0	0. 301 5	0. 298 1	0. 294 6	0. 291 2	0. 187 7	0. 284 3	0. 281 0	0. 277 6
-0. 4	0. 344 6	0. 340 9	0. 337 2	0. 333 6	0. 330 0	0. 326 4	0. 322 8	0. 319 2	0. 315 6	0. 312 1
-0. 3	0. 382 1	0. 378 3	0. 374 5	0. 370 7	0. 366 9	0. 363 2	0. 359 4	0. 355 7	0. 352 0	0. 348 3
-0. 2	0. 420 7	0. 416 8	0. 412 9	0. 409 1	0. 405 2	0. 401 3	0. 397 4	0. 393 6	0. 389 7	0. 385 9
-0. 1	0. 460 2	0. 456 2	0. 452 2	0. 448 3	0. 443 0	0. 440 4	0. 436 4	0. 432 5	0. 428 6	0. 427 4
-0	0. 500 0	0. 496 0	0. 492 0	0. 488 0	0. 484 1	0. 480 1	0. 476 1	0. 472 1	0. 468 1	0. 464 2

附录2：中国人寿保险业经验生命表（2000—2003）

附录2.1　　中国人寿保险业经验生命表(2000—2003)

非养老金业务男表(CL1)

年龄 x	死亡率 q_x	生存人数 l_x	死亡人数 d_x	生存人年数 L_x	生存人年数 T_x	平均余命 e_x
0	0.000 722	1 000 000	722	999 639	76 712 704	76.7
1	0.000 603	999 278	603	998 997	75 713 065	75.8
2	0.000 499	998 675	498	998 426	74 714 088	74.8
3	0.000 416	998 177	415	997 969	73 715 662	73.9
4	0.000 358	997 762	357	997 583	72 717 692	72.9
5	0.000 323	997 405	322	997 244	71 720 109	71.9
6	0.000 309	997 082	308	996 928	70 722 865	70.9
7	0.000 308	996 774	307	996 621	69 725 937	70.0
8	0.000 311	996 467	310	996 312	68 729 316	69.0
9	0.000 312	996 157	311	996 002	67 733 004	68.0
10	0.000 312	995 847	311	995 691	66 737 001	67.0
11	0.000 312	995 536	311	995 381	65 741 310	66.0
12	0.000 313	995 225	312	995 070	64 745 929	65.1
13	0.000 320	994 914	318	994 755	63 750 860	64.1
14	0.000 336	994 595	334	994 428	62 756 105	63.1
15	0.000 364	994 261	362	994 080	61 761 677	62.1
16	0.000 404	993 899	402	993 699	60 767 596	61.1
17	0.000 455	993 498	452	993 272	59 773 898	60.2

附录2.1(续)

年龄 x	死亡率 q_x	生存人数 l_x	死亡人数 d_x	生存人年数		平均余命 e_x
				L_x	T_x	
18	0.000 513	993 046	509	992 791	58 780 626	59.2
19	0.000 572	992 536	568	992 253	57 787 835	58.2
20	0.000 621	994 969	616	991 661	56 795 582	57.3
21	0.000 661	991 353	655	991 025	55 803 922	56.3
22	0.000 692	991 697	686	990 355	54 812 897	55.3
23	0.000 716	990 012	709	989 657	53 822 542	54.4
24	0.000 738	989 303	730	998 938	52 832 855	53.4
25	0.000 759	988 573	750	988 198	51 843 947	52.4
26	0.000 779	987 823	770	987 438	50 855 749	51.5
27	0.000 795	987 053	785	986 661	49 868 311	50.5
28	0.000 815	986 268	804	985 866	48 881 651	49.6
29	0.000 842	985 464	830	985 050	47 895 784	48.6
30	0.000 881	984 635	867	984 201	46 910 735	47.6
31	0.000 932	983 767	917	983 309	45 926 534	46.7
32	0.000 994	982 850	977	982 362	44 943 225	45.7
33	0.001 055	981 873	1 036	981 356	43 960 863	44.8
34	0.001 121	980 838	1 100	980 288	42 979 507	43.8
35	0.001 194	979 738	1 170	979 153	41 999 220	42.9
36	0.001 275	978 568	1 248	977 944	41 020 066	41.9
37	0.001 367	977 321	1 336	976 653	40 042 122	41.0
38	0.001 472	975 985	1 437	975 266	39 065 469	40.0
39	0.001 589	974 548	1 549	973 774	38 090 203	39.1
40	0.001 715	972 999	1 669	972 165	37 116 430	38.1
41	0.001 842	971 331	1 792	970 435	36 144 265	37.2
42	0.001 978	969 539	1 918	968 580	35 173 830	36.3

附录2.1(续)

年龄 x	死亡率 q_x	生存人数 l_x	死亡人数 d_x	生存人年数		平均余命 e_x
				L_x	T_x	
43	0.002 113	967 621	2 045	966 599	34 205 250	35.3
44	0.002 255	965 576	2 177	964 488	33 238 652	34.4
45	0.002 413	963 399	2 325	962 237	32 274 164	33.5
46	0.002 595	961 074	2 494	959 827	31 311 928	32.6
47	0.002 805	958 580	2 689	957 236	30 352 100	31.7
48	0.003 042	955 891	2 908	954 437	29 394 865	30.8
49	0.003 299	952 948	3 144	951 412	28 440 427	39.8
50	0.003 570	949 840	3 391	948 144	27 489 016	28.9
51	0.003 847	946 449	3 641	944 628	26 540 871	28.0
52	0.004 132	942 808	3 896	940 860	25 596 243	27.1
53	0.004 434	938 912	4 163	936 830	24 655 383	26.3
54	0.004 778	934 749	4 466	932 516	23 718 553	25.4
55	0.005 203	930 283	4 840	927 863	22 786 037	24.5
56	0.005 744	925 442	5 316	922 785	21 858 174	23.6
57	0.006 427	920 127	5 914	917 170	20 935 390	22.8
58	0.007 260	914 213	6 637	910 894	20 018 220	21.9
59	0.008 229	907 576	7 468	903 842	19 107 326	21.1
60	0.009 313	900 107	9 383	895 916	18 203 484	20.2
61	0.010 490	891 725	9 354	887 048	17 307 568	19.4
62	0.011 747	882 371	10 365	877 188	16 420 520	18.6
63	0.013 091	872 005	11 415	866 298	15 543 332	17.8
64	0.014 542	860 590	12 515	854 333	14 677 035	17.1
65	0.016 134	848 075	13 683	841 234	13 822 702	16.3
66	0.017 905	834 392	14 940	826 922	12 981 468	15.6
67	0.019 886	819 453	16 296	811 305	12 154 546	14.8

附录2.1(续)

年龄 x	死亡率 q_x	生存人数 l_x	死亡人数 d_x	生存人年数		平均余命 e_x
				L_x	T_x	
68	0.022 103	803 157	17 752	794 281	11 343 241	14.1
69	0.024 571	785 405	19 298	775 756	10 578 960	13.4
70	0.027 309	766 107	20 922	755 646	9 773 205	12.8
71	0.030 340	745 185	22 609	733 881	9 017 559	12.1
72	0.033 684	722 576	24 339	710 406	8 283 678	11.5
73	0.037 371	698 237	26 094	685 190	7 573 272	10.8
74	0.041 430	672 143	27 847	658 220	6 888 082	10.2
75	0.045 902	644 296	29 574	629 509	6 229 863	9.7
76	0.050 829	614 722	31 246	599 099	5 600 354	9.1
77	0.056 262	583 476	32 828	567 062	5 001 255	8.6
78	0.062 257	550 648	34 282	533 508	4 434 193	8.1
79	0.068 871	516 367	35 563	498 585	3 900 685	7.6
80	0.076 187	480 804	36 631	462 488	3 402 100	7.1
81	0.084 224	444 173	37 410	425 468	2 939 611	6.6
82	0.093 071	406 763	34 858	387 834	2 514 143	6.2
83	0.102 800	368 905	37 923	349 943	2 126 309	5.8
84	0.113 489	330 982	37 563	312 200	1 776 366	5.4
85	0.125 221	293 419	36 742	275 048	1 464 166	5.0
86	0.138 080	256 677	35 442	238 956	1 189 118	4.6
87	0.152 157	221 235	33 662	204 404	950 162	4.3
88	0.167 543	187 572	31 426	171 859	745 759	4.0
89	0.184 333	156 146	28 783	141 754	573 899	3.7
90	0.202 621	127 363	25 806	114 460	432 145	3.4
91	0.222 500	101 557	22 596	90 147	317 685	3.1
92	0.244 059	78 960	19 271	69 325	227 427	2.9

附录2.1(续)

年龄 x	死亡率 q_x	生存人数 l_x	死亡人数 d_x	生存人年数		平均余命 e_x
				L_x	T_x	
93	0.267 383	59 689	15 960	51 709	158 102	2.6
94	0.292 544	43 729	12 793	37 333	106 392	2.4
95	0.319 604	30 937	9 887	25 993	69 059	2.2
96	0.348 606	21 049	7 338	17 380	43 067	2.0
97	0.379 572	13 711	5 204	11 109	25 686	1.9
98	0.412 495	8 507	3 509	6 752	14 577	1.7
99	0.447 334	4 998	2 236	3 880	7 825	1.6
100	0.484 010	2 762	1 337	2 094	3 945	1.4
101	0.522 397	1 425	745	1 053	1 851	1.3
102	0.562 317	681	383	489	798	1.2
103	0.603 539	298	180	208	309	1.0
104	0.645 770	118	76	80	101	0.9
105	1.000 000	42	42	21	21	0.5

附录2.2　　中国人寿保险业经验生命表(2000—2003)

非养老金业务女表(CL2)

年龄 x	死亡率 q_x	生存人数 l_x	死亡人数 d_x	生存人年数		平均余命 e_x
				L_x	T_x	
0	0.000 661	100 000	661	999 670	80 891 929	80.9
1	0.000 536	999 339	536	999 071	79 892 260	79.9
2	0.000 424	998 803	423	998 592	78 893 189	79.0
3	0.000 333	998 380	332	998 214	77 894 597	78.0
4	0.000 267	998 047	266	997 914	76 896 383	77.0
5	0.000 224	997 781	224	997 669	75 898 469	76.1
6	0.000 201	997 557	201	997 457	74 900 800	75.1
7	0.000 189	997 357	189	997 263	73 903 343	74.1
8	0.000 181	997 168	180	997 078	72 906 080	73.1

附录2.2(续)

年龄 x	死亡率 q_x	生存人数 l_x	死亡人数 d_x	生存人年数		平均余命 e_x
				L_x	T_x	
9	0.000 175	996 988	174	996 901	71 909 002	72.1
10	0.000 169	996 813	168	996 729	70 912 101	71.1
11	0.000 165	996 645	168	996 563	69 915 372	70.2
12	0.000 165	996 481	164	996 398	68 918 809	69.2
13	0.000 169	996 316	168	996 232	67 922 411	68.2
14	0.000 179	996 148	178	996 059	66 926 179	67.2
15	0.000 192	995 969	191	995 874	65 930 120	66.2
16	0.000 208	995 778	207	995 675	64 934 247	65.2
17	0.000 226	995 571	225	995 459	63 938 572	64.2
18	0.000 245	995 346	244	995 224	62 943 113	63.2
19	0.000 264	995 102	263	994 971	61 947 889	62.3
20	0.000 283	994 840	282	994 699	60 952 918	61.3
21	0.000 300	994 558	298	994 400	59 958 220	60.3
22	0.000 315	994 260	313	994 103	58 963 811	59.3
23	0.000 328	993 946	326	993 783	57 969 708	58.3
24	0.000 338	993 620	336	993 452	56 975 924	57.3
25	0.000 347	993 285	345	993 112	55 982 472	56.4
26	0.000 355	992 940	352	992 764	54 989 360	55.4
27	0.000 362	992 587	359	992 408	53 996 596	54.4
28	0.000 372	992 228	369	992 044	53 004 188	53.4
29	0.000 386	991 859	383	991 668	52 012 145	52.4
30	0.000 406	991 476	403	991 275	51 020 477	51.5
31	0.000 432	991 074	428	990 860	50 029 202	50.5
32	0.000 047	990 645	461	990 415	49 038 343	49.5
33	0.000 496	990 185	491	989 939	48 047 928	48.5

附录2.2(续)

年龄 x	死亡率 q_x	生存人数 l_x	死亡人数 d_x	生存人年数 L_x	生存人年数 T_x	平均余命 e_x
34	0.000 528	989 694	523	989 432	47 057 988	47.5
35	0.000 563	989 171	557	988 896	46 068 556	46.6
36	0.000 601	988 614	594	988 317	45 079 663	45.6
37	0.000 646	988 020	638	987 701	44 001 346	44.6
38	0.000 699	987 382	690	987 037	43 103 645	43.6
39	0.000 761	986 692	751	986 316	42 116 609	42.6
40	0.000 828	985 941	816	985 533	41 130 293	41.7
41	0.000 897	985 124	884	984 683	40 144 760	40.8
42	0.000 966	984 241	951	983 765	39 160 078	39.8
43	0.001 033	983 290	1 016	982 782	38 176 312	38.8
44	0.001 103	982 274	1 083	981 732	37 193 530	37.9
45	0.001 181	981 191	1 159	980 611	36 211 798	36.9
46	0.001 274	980 032	1 249	979 408	35 231 186	35.9
47	0.001 389	978 783	1 360	987 104	34 251 779	35.0
48	0.001 527	977 424	1 493	976 678	33 273 675	34.0
49	0.001 690	975 931	1 640	975 107	32 296 997	33.1
50	0.001 873	974 282	1 825	973 370	32 321 891	32.1
51	0.002 074	972 457	2 017	971 449	30 348 521	31.2
52	0.002 295	970 440	2 227	969 327	29 377 072	30.3
53	0.001 546	968 213	2 465	966 981	28 407 746	29.3
54	0.002 836	965 748	2 739	964 379	27 440 765	28.4
55	0.003 178	963 009	3 060	961 479	26 476 386	27.5
56	0.003 577	959 949	3 434	958 232	25 514 907	26.6
57	0.004 036	956 515	3 860	954 585	24 556 676	25.7
58	0.004 556	952 655	4 340	950 484	23 602 091	24.8

附录2.2(续)

年龄 x	死亡率 q_x	生存人数 l_x	死亡人数 d_x	生存人年数		平均余命 e_x
				L_x	T_x	
59	0.005 133	948 314	4 868	945 880	22 651 606	23.9
60	0.005 768	943 447	5 442	940 726	21 705 726	23.0
61	0.006 465	939 005	6 064	934 973	20 965 000	22.1
62	0.007 235	931 941	6 743	928 569	19 830 028	21.3
63	0.008 094	925 198	7 489	921 454	18 901 458	20.4
64	0.009 059	917 709	8 314	913 553	17 980 005	19.6
65	0.010 148	909 396	9 229	904 782	17 066 452	18.8
66	0.011 376	900 167	10 240	895 047	16 161 670	18.0
67	0.012 760	889 927	11 355	884 249	15 266 623	17.2
68	0.014 316	878 572	12 578	872 283	14 382 374	16.4
69	0.016 066	856 994	13 913	859 037	13 510 091	15.6
70	0.018 033	852 081	15 366	884 398	12 651 054	14.8
71	0.020 241	836 715	16 936	828 247	11 806 656	14.1
72	0.022 715	819 779	18 621	810 469	10 978 408	13.4
73	0.025 479	801 158	20 413	790 952	10 167 940	12.7
74	0.028 561	780 745	22 299	769 596	9 376 988	12.0
75	0.031 989	758 446	24 262	746 316	8 607 392	11.3
76	0.035 796	734 185	26 281	721 044	7 861 077	10.7
77	0.040 026	707 904	28 335	693 736	7 140 033	10.0
78	0.044 726	679 569	30 394	664 372	6 446 296	9.5
79	0.049 954	649 175	32 429	632 960	5 781 924	8.9
80	0.055 774	616 746	34 398	599 547	5 148 964	8.3
81	0.062 253	582 347	36 253	564 221	4 549 417	7.8
82	0.069 494	546 095	37 950	527 119	3 985 196	7.3
83	0.077 511	508 144	39 387	488 451	3 458 077	6.8

附录2.2(续)

年龄 x	死亡率 q_x	生存人数 l_x	死亡人数 d_x	生存人年数		平均余命 e_x
				L_x	T_x	
84	0. 086 415	468 758	40 508	448 504	2 969 626	6. 3
85	0. 096 294	428 250	41 238	407 631	2 521 122	5. 9
86	0. 107 243	387 012	41 504	366 260	2 113 491	5. 5
87	0. 119 364	345 508	41 241	324 887	1 747 232	5. 1
88	0. 132 763	304 266	40 395	284 069	1 422 345	4. 7
89	0. 147 553	263 871	38 935	244 404	1 128 276	4. 3
90	0. 163 850	224 936	36 856	206 508	893 872	4. 0
91	0. 181 775	188 080	34 188	170 986	687 364	3. 7
92	0. 201 447	153 892	31 001	138 392	51 637	3. 4
93	0. 222 987	122 891	27 403	109 189	37 791	3. 1
94	0. 246 507	95 488	23 538	83 719	26 871	2. 8
95	0. 272 115	71 949	19 579	62 160	185 078	2. 6
96	0. 299 903	52 371	15 706	44 518	122 918	2. 3
97	0. 329 942	36 665	12 097	30 616	78 400	2. 1
98	0. 362 281	24 567	8 900	20 117	47 784	1. 9
99	0. 396 933	15 667	6 219	12 558	27 667	1. 8
100	0. 433 869	9 448	4 099	7 399	15 109	1. 6
101	0. 473 008	5 349	2 530	4 084	7 710	1. 4
102	0. 514 211	2 819	1 449	2 094	3 626	1. 2
103	0. 557 269	1 269	763	988	1 532	1. 1
104	0. 601 896	606	365	424	544	0. 9
105	1. 000 000	241	241	121	121	0. 5

附录2.3　　中国人寿保险业经验生命表(2000—2003)

养老金业务男表(CL3)

年龄 x	死亡率 q_x	生存人数 l_x	死亡人数 d_x	生存人年数		平均余命 e_x
				L_x	T_x	
0	0.000 627	1 000 000	627	999 687	79 741 450	79.7
1	0.000 525	999 373	525	999 111	78 741 763	78.8
2	0.000 434	998 848	434	998 632	77 742 653	77.8
3	0.000 362	998 415	361	998 234	76 744 021	76.9
4	0.000 311	998 053	310	997 898	75 745 787	75.9
5	0.000 281	997 743	280	997 603	74 747 889	74.9
6	0.000 269	997 463	268	997 328	73 750 286	73.9
7	0.000 268	997 194	267	997 061	72 752 957	73.0
8	0.000 270	996 927	269	996 792	71 755 897	72.0
9	0.000 271	996 658	270	996 523	70 759 104	71.0
10	0.000 272	996 388	271	996 252	69 762 581	70.0
11	0.000 271	996 117	270	995 982	68 766 329	69.0
12	0.000 272	995 847	271	995 711	67 770 347	68.1
13	0.000 278	995 576	277	995 438	66 774 636	67.1
14	0.000 292	995 299	291	995 154	65 779 198	66.1
15	0.000 316	995 009	314	994 851	64 784 044	65.1
16	0.000 351	994 694	349	994 520	63 789 193	64.1
17	0.000 396	994 345	394	994 148	62 794 673	63.2
18	0.000 446	993 951	443	993 730	61 800 525	62.2
19	0.000 497	993 508	494	993 261	60 806 796	61.2
20	0.000 540	993 014	536	992 746	59 813 535	60.2
21	0.000 575	992 478	571	992 193	58 820 789	59.3
22	0.000 601	991 907	596	991 609	57 828 596	58.3
23	0.000 623	991 311	618	991 002	56 836 987	57.3
24	0.000 643	990 694	637	990 375	55 845 984	56.4

附录2.3(续)

年龄 x	死亡率 q_x	生存人数 l_x	死亡人数 d_x	生存人年数		平均余命 e_x
				L_x	T_x	
25	0.000 660	990 057	653	989 730	54 855 609	55.4
26	0.000 676	989 403	669	989 069	53 865 879	54.4
27	0.000 693	988 734	685	988 392	52 876 811	53.5
28	0.000 712	988 049	703	987 697	51 888 419	52.5
29	0.000 734	987 346	725	986 983	50 900 722	51.6
30	0.000 759	986 621	749	986 246	49 913 739	50.6
31	0.000 788	985 872	777	985 484	48 927 492	49.6
32	0.000 820	985 095	808	984 691	47 942 009	48.7
33	0.000 855	984 287	842	983 867	46 957 317	47.7
34	0.000 893	983 446	878	983 007	45 973 451	46.7
35	0.000 936	982 568	920	982 108	44 990 444	45.8
36	0.000 985	981 648	967	981 164	44 008 336	44.8
37	0.001 043	980 681	1 023	980 170	43 027 172	43.9
38	0.001 111	979 658	1 088	979 114	42 047 002	42.9
39	0.001 189	978 570	1 164	977 988	41 067 888	42.0
40	0.001 275	977 406	1 246	976 783	40 089 900	41.0
41	0.001 366	976 160	1 333	975 493	39 113 117	40.1
42	0.001 461	974 827	1 424	974 114	38 137 624	39.1
43	0.001 560	973 402	1 519	972 643	37 163 509	38.2
44	0.001 665	971 884	1 618	971 075	36 190 866	37.2
45	0.001 783	970 266	1 730	989 401	35 219 791	36.3
46	0.001 918	968 536	1 858	967 607	34 250 391	35.4
47	0.002 055	966 678	1 987	965 685	33 282 784	34.4
48	0.002 238	964 692	2 159	963 612	32 317 099	33.5
49	0.002 446	962 533	2 354	961 355	31 353 487	32.6

附录2.3(续)

年龄 x	死亡率 q_x	生存人数 l_x	死亡人数 d_x	生存人年数 L_x	T_x	平均余命 e_x
50	0.002 666	960 178	2 560	958 898	30 392 132	31.7
51	0.002 880	957 618	2 758	956 239	29 433 233	30.7
52	0.003 085	954 860	2 946	953 388	28 476 994	29.8
53	0.003 300	951 915	3 141	950 344	27 523 607	28.9
54	0.003 545	948 773	3 363	947 092	26 573 263	28.0
55	0.003 838	945 410	3 628	943 596	25 626 171	27.1
56	0.004 207	941 781	3 962	939 800	24 682 575	26.2
57	0.004 676	937 819	4 385	935 627	23 742 775	25.3
58	0.005 275	933 434	4 924	930 972	22 807 148	24.4
59	0.006 039	928 510	5 607	925 707	21 876 176	23.6
60	0.006 989	922 903	6 450	919 678	20 950 469	22.7
61	0.007 867	916 453	7 210	912 848	20 030 791	21.9
62	0.008 725	909 243	7 933	905 277	19 117 943	21.0
63	0.009 677	901 310	8 722	896 949	18 212 667	20.2
64	0.010 731	892 588	9 578	887 799	17 315 718	19.4
65	0.011 900	883 010	10 508	877 756	16 427 919	18.6
66	0.013 229	872 502	11 542	866 731	15 550 163	17.8
67	0.014 705	860 959	12 660	654 629	14 683 433	17.1
68	0.016 344	848 299	13 865	841 367	13 828 803	16.3
69	0.018 164	834 434	15 157	826 856	12 987 437	15.6
70	0.020 184	819 278	16 536	811 010	12 160 580	14.8
71	0.022 425	802 741	18 001	793 741	11 349 571	14.1
72	0.024 911	784 740	19 549	774 966	10 555 830	13.5
73	0.027 668	765 191	21 171	754 606	9 780 864	12.8
74	0.030 647	744 020	22 802	732 619	9 026 259	12.1

附录2.3(续)

年龄 x	死亡率 q_x	生存人数 l_x	死亡人数 d_x	生存人年数		平均余命 e_x
				L_x	T_x	
75	0. 033 939	721 218	24 477	708 979	8 293 640	11. 5
76	0. 037 577	696 741	26 181	683 650	7 584 660	10. 9
77	0. 041 594	670 559	27 891	656 614	6 901 010	10. 3
78	0. 046 028	642 668	29 581	627 878	6 244 397	9. 7
79	0. 050 920	613 087	31 218	597 478	5 606 519	9. 2
80	0. 056 312	581 869	32 766	565 486	5 019 041	8. 6
81	0. 062 253	549 103	34 183	532 011	4 453 555	8. 1
82	0. 068 791	514 919	35 422	497 208	3 921 544	7. 6
83	0. 075 983	479 498	36 434	461 281	3 424 336	7. 1
84	0. 083 883	443 064	37 166	424 481	2 963 055	6. 7
85	0. 092 554	405 898	37 568	387 115	2 538 574	6. 3
86	0. 102 059	368 331	37 591	349 535	2 151 459	5. 8
87	0. 112 464	330 739	37 196	312 141	1 801 924	5. 4
88	0. 123 836	293 543	36 351	275 367	1 489 783	5. 1
89	0. 136 246	257 192	35 041	239 671	1 214 415	4. 7
90	0. 149 763	222 151	33 270	205 516	974 744	4. 4
91	0. 164 456	188 881	31 063	173 349	769 229	4. 1
92	0. 180 392	157 818	28 469	143 583	595 879	3. 8
93	0. 197 631	129 349	25 563	116 567	452 296	3. 5
94	0. 216 228	103 786	22 441	92 565	335 729	3. 2
95	0. 236 229	81 344	19 216	71 736	243 164	3. 0
96	0. 257 666	62 128	16 008	54 124	171 427	2. 8
97	0. 280 553	46 120	12 939	39 650	117 303	2. 5
98	0. 304 887	33 181	10 116	28 123	77 653	2. 3
99	0. 330 638	23 064	7 626	19 251	49 530	2. 1

附录2.3(续)

年龄 x	死亡率 q_x	生存人数 l_x	死亡人数 d_x	生存人年数 L_x	T_x	平均余命 e_x
100	0.357 746	15 438	5 523	12 677	30 279	2.0
101	0.386 119	9 915	3 829	8 001	17 602	1.8
102	0.415 626	6 087	2 530	4 822	9 601	1.6
103	0.446 094	3 557	1 587	2 764	4 779	1.3
104	0.477 308	1 970	940	1 500	2 015	1.0
105	1.000 000	1 030	1 030	515	515	0.5

附录 2.4　　中国人寿保险业经验生命表(2000—2003)

养老金业务女表(CL4)

年龄 x	死亡率 q_x	生存人数 l_x	死亡人数 d_x	生存人年数 L_x	T_x	平均余命 e_x
0	0.000 575	1 000 000	575	999 713	83 672 159	83.7
1	0.000 466	999 425	466	999 192	82 672 446	82.7
2	0.000 369	998 959	369	998 775	81 673 254	81.8
3	0.000 290	998 591	290	998 446	80 674 479	80.8
4	0.000 232	998 301	232	998 185	79 676 033	79.8
5	0.000 195	998 269	195	997 972	78 677 848	78.8
6	0.000 175	997 875	175	997 788	77 679 876	77.8
7	0.000 164	997 700	164	997 618	76 682 088	76.9
8	0.000 158	997 537	158	997 458	75 684 470	75.9
9	0.000 152	997 379	152	997 303	74 687 012	74.9
10	0.000 147	997 227	147	997 154	73 689 709	73.9
11	0.000 143	997 081	143	997 009	72 692 555	72.9
12	0.001 439	996 938	143	996 867	71 695 546	71.9
13	0.000 147	996 796	147	996 722	70 698 679	70.9
14	1.000 156	996 649	155	996 571	69 701 956	69.9

附录2.4(续)

年龄 x	死亡率 q_x	生存人数 l_x	死亡人数 d_x	生存人年数		平均余命 e_x
				L_x	T_x	
15	0.000 167	996 494	166	996 410	68 705 385	68.9
16	0.000 181	996 327	180	996 237	67 708 974	68.0
17	0.000 196	996 147	195	996 049	66 712 737	67.0
18	0.000 213	995 952	212	995 846	65 716 688	66.0
19	0.000 230	995 739	229	995 625	64 720 843	65.0
20	0.000 246	995 510	245	995 388	63 725 218	64.0
21	0.000 261	995 266	260	995 136	62 729 830	63.0
22	0.000 274	995 006	273	994 869	61 734 694	62.0
23	0.000 285	994 733	283	994 591	60 739 824	61.1
24	0.000 293	994 450	291	994 304	59 745 233	60.1
25	0.000 301	994 158	299	994 009	58 750 929	59.1
26	0.000 308	993 859	306	993 706	57 756 920	58.1
27	0.000 316	993 553	314	993 396	56 763 214	57.1
28	0.000 325	993 239	323	993 078	55 769 818	56.1
29	0.000 337	992 916	335	992 749	54 776 741	55.2
30	0.000 351	992 582	348	992 407	53 783 992	54.2
31	0.000 366	992 233	363	992 052	52 791 584	53.2
32	0.000 384	991 870	381	991 680	51 799 533	52.2
33	0.000 402	991 489	399	991 290	50 807 853	51.2
34	0.000 421	991 091	417	990 882	49 816 563	50.3
35	0.000 441	990 673	437	990 455	48 825 681	49.3
36	0.000 464	996 236	459	990 007	47 835 227	48.3
37	0.000 493	989 777	488	989 533	46 845 220	47.3
38	0.000 528	989 289	522	989 028	45 855 687	46.4
39	0.000 569	988 767	563	988 485	44 866 659	45.4

附录2.4（续）

年龄 x	死亡率 q_x	生存人数 l_x	死亡人数 d_x	生存人年数		平均余命 e_x
				L_x	T_x	
40	0.000 615	988 204	608	987 900	43 878 174	44.4
41	0.000 664	987 596	656	987 268	42 890 274	43.4
42	0.000 714	986 941	705	986 588	41 903 005	42.5
43	0.000 763	986 236	752	985 860	40 916 417	41.5
44	0.000 815	985 483	803	985 082	39 930 557	40.5
45	0.000 873	984 680	860	984 250	38 945 476	39.6
46	0.000 942	983 821	927	983 357	37 961 225	38.6
47	0.001 014	982 894	997	982 395	36 977 868	37.6
48	0.001 123	981 897	1 103	981 346	35 995 472	36.7
49	0.001 254	980 794	1 227	980 181	35 014 127	35.7
50	0.001 393	979 568	1 365	978 885	34 033 946	34.7
51	0.001 548	978 203	1 514	977 446	33 055 060	33.8
52	0.001 714	976 689	1 674	975 852	32 077 615	32.8
53	0.001 893	975 015	1 846	974 092	31 101 763	31.9
54	0.002 093	973 169	2 037	972 151	30 127 671	31.0
55	0.002 318	971 132	2 251	970 007	29 155 520	30.0
56	0.002 607	968 881	2 526	967 618	281 185 514	29.1
57	0.002 979	966 355	2 879	964 916	27 217 896	28.2
58	0.003 410	963 476	3 285	961 834	26 252 980	27.2
59	0.003 816	960 191	3 664	958 359	25 291 146	26.3
60	0.004 272	956 527	4 086	954 484	24 232 787	25.4
61	0.004 781	952 441	4 554	950 164	23 378 304	24.5
62	0.005 351	947 887	5 072	945 351	22 428 140	23.7
63	0.005 988	942 815	5 646	939 992	21 482 789	22.8
64	0.006 701	937 169	6 280	934 029	20 542 797	21.9

附录2.4(续)

年龄 x	死亡率 q_x	生存人数 l_x	死亡人数 d_x	生存人年数		平均余命 e_x
				L_x	T_x	
65	0.007 499	930 889	6 981	927 399	19 608 768	21.1
66	0.008 408	923 909	7 768	920 024	18 681 369	20.2
67	0.009 438	916 140	8 647	911 817	17 761 344	19.4
68	0.010 592	907 494	9 612	902 688	16 849 527	18.6
69	0.011 886	897 882	10 672	892 545	15 946 840	17.8
70	0.013 337	887 209	11 833	881 293	15 054 294	17.0
71	0.014 964	875 377	13 099	868 827	14 173 001	16.2
72	0.016 787	862 278	14 475	855 040	13 304 174	15.4
73	0.018 829	847 802	15 963	839 821	12 449 134	14.7
74	0.021 117	831 839	17 566	823 056	11 309 313	14.0
75	0.023 702	814 273	19 300	804 623	10 786 257	13.2
76	0.026 491	794 973	21 060	784 444	9 981 634	12.6
77	0.029 602	773 914	22 909	762 459	9 197 190	11.9
78	0.033 070	751 004	24 836	738 586	8 434 731	11.2
79	0.036 935	726 169	26 821	712 758	7 696 145	10.6
80	0.041 241	699 348	28 842	684 927	6 983 387	10.0
81	0.046 033	670 506	30 865	655 073	6 298 460	9.4
82	0.051 365	639 640	32 855	623 213	5 643 387	8.8
83	0.057 291	606 785	34 763	589 404	5 020 174	8.3
84	0.063 872	572 022	36 536	553 754	4 430 770	7.7
85	0.071 174	535 486	38 113	516 429	3 877 017	7.2
86	0.079 267	497 373	39 425	477 660	3 360 587	6.8
87	0.088 225	457 948	40 402	437 747	2 882 927	6.3
88	0.098 129	417 545	40 973	397 059	2 445 180	5.9
89	0.109 061	376 572	41 069	356 037	2 048 121	5.4

附录2.4(续)

年龄 x	死亡率 q_x	生存人数 l_x	死亡人数 d_x	生存人年数		平均余命 e_x
				L_x	T_x	
90	0.121 107	335 503	40 632	315 187	1 692 084	5.0
91	0.134 355	294 871	39 617	275 062	1 376 897	4.7
92	0.148 896	255 254	38 006	236 250	1 101 835	4.3
93	0.164 816	217 247	35 806	199 344	865 584	4.0
94	0.182 201	181 442	33 059	164 912	666 240	3.7
95	0.201 129	148 383	29 844	133 461	501 328	3.4
96	0.221 667	118 539	26 276	105 401	367 867	3.1
97	0.243 870	92 263	22 500	81 102	262 467	2.8
98	0.267 773	69 762	18 681	60 422	181 454	2.6
99	0.293 385	51 082	14 987	43 589	121 032	2.4
100	0.320 685	36 095	11 575	30 308	77 443	2.1
101	0.349 615	24 520	8 573	20 234	47 136	1.9
102	0.380 069	15 947	6 061	12 917	26 902	1.7
103	0.411 894	9 886	4 072	7 850	13 985	1.4
104	0.444 879	5 814	2 587	4 521	6 135	1.1
105	1.000 000	3 228	3 228	1 614	1 614	0.5

参考文献

[1] 联合国、欧盟委员会、经济合作与发展组织、国际货币基金组织和世界银行:《国民经济核算体系》(中文版),2008 年。

[2] 国际货币基金组织:《货币与金融统计手册》(中文版),2000 年。

[3] 国际货币基金组织:《政府财政统计手册》(中文版),2001 年。

[4] 国际货币基金组织:《金融稳健指标编制指南》,2006 年。

[5] 刘红梅,等. 金融统计学[M]. 上海:上海财经大学出版社,2005.

[6] 赵彦云. 金融统计分析[M]. 北京:中国金融出版社,2000.

[7] 张运刚. 寿险精算理论与实验[M]. 成都:西南财经大学出版社,2010.

[8] 李秀芳,傅安平,王静龙. 保险精算[M]. 2 版,北京:中国人民大学出版社,2008.

[9] 粟芳. 非寿险精算[M]. 北京:清华大学出版社,2006.

[10] 范兴华. 非寿险精算数学[M]. 北京:清华大学出版社,2008.

[11] 徐国祥. 金融统计学[M]. 上海:格致出版社,2009.

[12] 李腊生,翟淑萍,崔轶秋. 现代金融投资统计分析[M]. 北京:中国统计出版社,2004.

[13] 迟国泰. 投资风险管理[M]. 北京:清华大学出版社,2010.

[14] 李一智. 期货与期权教程[M]. 3 版. 北京:清华大学出版社,2007.

[15] 杜金富. 货币与金融统计学[M]. 2 版,北京:中国金融出版社,2006.

[16] 蒋萍,杨仲山. 货币与金融统计学[M]. 上海:立信会计出版社,2006.

[17] 宋光辉. 金融统计学[M]. 北京:中国统计出版社,2002.

[18] 马达拉,拉奥. 金融中的统计方法[M]. 王美今,等,译. 上海:格致出版社,上海人民出版社,2008.

[19] 鲁珀特. 统计与金融[M]. 孙志宾,等,译. 北京:中国人民大学出版社,2004.

[20] 黎子良,邢海鹏. 金融市场中的统计模型和方法[M]. 姚佩佩,译. 北京:高等教育出版社,2009.

[21] 陈正伟,李勇. 统计学原理[M]. 北京:科学出版社,2011.

[22] 李勇. 统计学基础实验(SPSS)[M]. 成都:西南财经大学出版社,2012.

[23] 李勇. 统计学基本思想[M]. 北京:经济科学出版社,2012.